CARDEAL
ODILO PEDRO SCHERER

UM PADRE A VIDA TODA

Uma conversa com
SILVONEI JOSÉ PROTZ E
FERNANDO GERONAZZO

ANGELVS
EDITORA

Dados Internacionais de Catalogação na Publicação (CIP)
(Câmara Brasileira do Livro, SP, Brasil)

Protz, Silvonei José
Cardeal Odilo Pedro Scherer : um padre a vida toda / Silvonei José Protz, Fernando Geronazzo. -- 1. ed. -- São Paulo : Angelus Editora, 2025.

ISBN 978-65-89083-62-7

1. Cardeais - Biografia 2. Igreja Católica - Brasil - História 3. Sacerdotes - Brasil - Biografia 4. Sacerdotes - Vida religiosa I. Geronazzo, Fernando. II. Título.

24-244303 CDD-282.9092

Índices para catálogo sistemático:

1. Sacerdotes católicos : Biografia 282.9092

Aline Graziele Benitez - Bibliotecária - CRB-1/3129

CARDEAL ODILO PEDRO SCHERER
Um padre a vida toda

2ª EDIÇÃO

Direção Editorial:
Maristela Ciarrocchi

Preparação:
Bruno Maciel Onofrio

Revisão:
Ariane dos Santos Neves Monteiro

Fotos de Capa e Contracapa::
Luciney Martins/O SÃO PAULO

Capa, Projeto Gráfico e Diagramação:
Priscila Venecian

ISBN: 978-65-89083-62-7

CARDEAL
ODILO PEDRO SCHERER

UM PADRE A VIDA TODA

Uma conversa com
SILVONEI JOSÉ PROTZ E
FERNANDO GERONAZZO

ANGELVS
EDITORA

"No final da Missa, no momento da saudação, do beija-mão do novo padre, as pessoas fizeram uma grande roda, cada um querendo chegar perto para beijar as minhas mãos de padre novo. Então, eu vi uma mãozona estendida por cima das cabeças; e de quem era? Do meu avô materno Miguel, pai da minha mãe, que se aproximou e beijou a minha mão. Eu nunca podia imaginar aquilo: meu avô beijando a minha mão. De alguma maneira, foi nesse momento que a ficha me caiu: agora eu sou padre."

(Cardeal Odilo Pedro Scherer)

PREFÁCIO

O sacerdócio, assim como o episcopado, é um dom inestimável de Deus, que faz de quem o recebe um dom precioso para a Igreja. "Dom" Odilo tem sido um "dom" de Deus para a Igreja, exercendo com zelo e generosidade, os diversos e importantes ofícios que lhe foram confiados. É arcebispo e cardeal reconhecido como pastor zeloso e dedicado do Povo de Deus na Arquidiocese de São Paulo, seguindo os passos do Bom Pastor que "não veio para ser servido, mas para servir e dar a sua vida" (Mt 20,28).

Ele tornou-se "Eminência" sem deixar de ser "Dom Odilo" e o "Padre" muito estimado por tantos que o conheceram desde as suas origens ou com ele conviveram na Diocese de Toledo. A feliz escolha do título desta obra resume bem a sua vida e missão "Cardeal Pedro Odilo Scherer: um padre a vida toda". O seu cardinalato — exercido com dignidade, amor à Igreja e lealdade ao Sucessor de Pedro —, tem sido vivido como graça e serviço; e não como honraria segundo a lógica do mundo, como ressalta o Papa Francisco. Tive a graça de conhecer o então "Padre Odilo", a serviço da Congregação (hoje, Dicastério) para os Bispos, no Vaticano, cuja competência e dedicação já causavam admiração e reconhecimento.

Conscientes de que tudo é graça, nós louvamos a Deus expressando o louvor e a gratidão pela vida e pelo ministério de Dom Odilo, desde o primeiro "segue-me" na Diocese de

Toledo até o envio para a grande Arquidiocese de São Paulo. A veste coral cardinalícia com a cruz revela dois aspectos do ministério episcopal e do serviço cardinalício: o louvor e as alegrias acompanhados da cruz da fidelidade à vocação e à missão.

O diálogo aqui narrado revela uma vida tecida de amor. Acima de tudo, do amor de Deus e do amor recebido da família, de amigos e de tantas pessoas e comunidades eclesiais que marcam a história de Dom Odilo, assim como, de amor oblativo ofertado à Igreja. Amados por Deus, somos chamados nas diversas vocações e ministérios, a amar como Deus ama, na gratuidade. É graça e tarefa permanente amar mais do que ser amado, amar antes de ser amado, amar mesmo sem ser amado. Na Arquidiocese de São Paulo, na CNBB, no CELAM e na Santa Sé, Dom Odilo, com seu jeito próprio de ser, tem demonstrado o amor pela Igreja: irmão entre os irmãos bispos; pai, irmão e amigo para padres, religiosos e leigos.

O diálogo fecundo, interessante e agradável, retratado nestas páginas, expressa bem o seu lema episcopal, de cunho eucarístico *In Meam Commemorationem* (em memória de mim), retomando as palavras de Jesus na Ceia. A comunhão eclesial, que Dom Odilo vivencia e promove, tem sua fonte e sustento na comunhão eucarística, pois sem a comunhão com Cristo não acontece a comunhão na Igreja. A centralidade é sempre de Cristo, do qual somos discípulos e servidores na Igreja.

Traços da história e da personalidade de Dom Odilo permeiam o diálogo; sua história vocacional desde a infância, passando pelo Seminário; sua Ordenação, o ministério sacerdotal exercido como presbítero em Toledo e junto à Cúria Romana; seus contatos com os Papas São João Paulo II e Bento XVI; seu episcopado em meio aos desafios da grande metrópole paulistana e a sua atuação na Santa Sé no pontificado do Papa Francisco. Entretanto, neste livro, os leitores encontrarão não somente uma fonte autorizada para conhecer Dom Odilo, a sua história, o seu pensar e o seu sentir, mas também indicações valiosas para refletir sobre temas de profunda atualidade na vida da Igreja e no mundo de hoje, tratados com sabedoria e simplicidade.

Aos jornalistas Silvonei José, do Dicastério para a Comunicação, e Fernando Geronazzo, da Arquidiocese de São Paulo, as congratulações pela feliz iniciativa deste diálogo e da publicação deste livro. Ao caríssimo Cardeal Dom Odilo, a gratidão sincera de tantos amigos e admiradores.

Cada pessoa possui uma dignidade imensa e uma riqueza inesgotável que ultrapassam muito o que podemos verbalizar ou escrever, porque nela se manifesta o amor infinito de Deus que nos sustenta na longa jornada, em meio às alegrias e dores. Nas diversas vocações e ministérios, somos todos necessitados da graça e da misericórdia divina, para ser sinal e instrumento do amor de Deus na Igreja e no mundo, conscientes de que trazemos "tesouros em vasos de barro" (cf. 2Cor 4,7).

Com Dom Odilo, lendo atentamente este livro, possamos expressar o nosso louvor e ação de graças a Deus, dizendo "Senhor, eu cantarei eternamente o vosso amor" (Sl 88,2a).

Cardeal Dom Sergio da Rocha

Arcebispo de São Salvador da Bahia e Primaz do Brasil

APRESENTAÇÃO

Quanto é difícil conhecer uma pessoa? Quanto é difícil entrar na sua vida e aprofundar suas experiências? Quanto mais difícil é conhecer alguém que faz parte da nossa vida e pouco ou quase nada sabemos dele? Perguntas válidas que poderíamos nos fazer se tivéssemos um objetivo maior do que simples "conhecimento".

Por isso, a vontade de trazer à luz a vida, a experiência e o ser do Cardeal Odilo, nasceu de um desejo de fazer conhecer um pouco mais, não só a figura de um dos pastores mais importantes da nossa Igreja, mas fazer conhecer o ser humano que ele é e que caminha ao nosso lado como pastor da Igreja de São Paulo.

O sim do Cardeal Odilo para conversar conosco nos encheu de alegria, mas sabíamos que não seria fácil, devido ao seu tempo. Ele tem tempo para tudo, para todos, menos para contar algo sobre si mesmo. Mas, promessa é dívida, diz o ditado popular, e o Cardeal nos concedeu seu tempo, um tempo que traduzimos num texto que nos fez viajar com o menino Odilo, com o seminarista Odilo, com o sacerdote Odilo, com o bispo Odilo e, finalmente, com o Cardeal Odilo.

Tudo começa com um... vamos gravar... E o tempo de conversa começou.

O texto é fruto da série de conversas ocorridas entre os dias 15 e 17 de abril de 2024, em Aparecida (SP), e no dia 7 de junho do mesmo ano, em Roma. Foram horas de conversas gravadas em áudio e vídeo, durante as quais foi possível mergulhar na vida, na história e nas ideias do Cardeal Odilo Pedro Scherer.

Em Aparecida, os encontros ocorreram, sobretudo, durante a noite, após os trabalhos da 61ª Assembleia Geral da Conferência Nacional dos Bispos do Brasil (CNBB). Na primeira noite, após o jantar, ele retornou sozinho para o centro de eventos onde ocorria a assembleia, já vazio, para nos encontrar. Era perceptível o seu cansaço após a intensa jornada de atividades. Mas lá estava ele, honrando o compromisso que havia assumido conosco.

Embora tivéssemos que aproveitar o máximo possível o tempo para garantir o conteúdo da entrevista, não queríamos exigir muito. Porém, bastou ligarmos o gravador e a câmera para iniciarmos uma verdadeira viagem na história, para dizer melhor, no coração e nas memórias do Cardeal Odilo.

Mais do que ouvi-lo, pudemos contemplar o brilho de seus olhos e o entusiasmo com que compartilhava, com riqueza de detalhes, o ambiente familiar em que nasceu, as recordações da infância e o discernimento vocacional. Conforme a conversa discorria, conhecíamos um pouco mais daquele homem e compreendíamos de onde vinham os valores e os princípios que norteiam a sua vida e ministério.

Já chegávamos a quase duas horas ininterruptas de conversa, quando percebemos que era o momento de parar por aquela noite. Afinal, a jornada dos bispos em assembleia começava com o café às 5h e seguia até o início da noite, sem contar as reuniões complementares que ocorriam após o jantar.

Na noite seguinte, o Cardeal chegou para uma nova rodada de conversa que chegou a quase três horas. Das origens, pudemos mergulhar na caminhada formativa, suas impressões sobre os grandes fatos da vida da Igreja e da sociedade por ele testemunhados, o início do seu ministério sacerdotal, os estudos em Roma, o tempo em que trabalhou para a Santa Sé, sua nomeação episcopal, a experiência pessoal com os três últimos pontífices, incluindo a participação num Conclave.

O tempo não foi suficiente para esgotarmos todos os assuntos. Por isso, foram necessárias mais duas conversas, uma no intervalo do almoço do dia seguinte e, meses depois, em Roma, na sede da Rádio Vaticano, durante uma viagem para compromissos na Santa Sé. Lá, ele compartilhou um pouco mais da sua experiência à frente da maior arquidiocese do Brasil, suas percepções sobre as questões da atualidade e o que inquieta o coração do pastor de uma grande metrópole em um contexto de mudança de época.

Esta obra, portanto, apresenta exatamente aquilo que brotou do coração de Dom Odilo, possibilitando que todos os que a lerem, conheçam não apenas o 7º Arcebispo de São Paulo e Cardeal Santa Igreja Romana, o que já seria conteúdo de enorme relevância. Mas, sim, conheçam quem é o filho do senhor Edwino e da dona Francisca Wilma, gaúcho, criado no Paraná e que hoje já se considera um paulistano de coração.

Ao longo dessas horas de conversas, foi possível perceber um ideal que permeia e conduz sua vida e ministério: "ser padre a vida toda". Não é por acaso que essa frase dá título ao livro, pois expressa aquilo de mais profundo que move seu caminhar à meta para a qual todos somos chamados,: a realização da vontade de Deus.

Boa leitura!

Silvonei José Protz

Fernando Geronazzo

SUMÁRIO

Dom Odilo e seus familiares, durante Missa em ação de graças pelos seu 75º aniversário, em 21/9/2024.

I

A ORIGEM

FAMÍLIA

Dom Odilo, iniciemos esta conversa falando de sua vida a partir da sua origem. Começamos pela família.

Eu venho de uma família simples. Meus pais eram pequenos agricultores e, portanto, trabalhavam muito. Somos uma família numerosa de 11 irmãos.

Éramos uma família religiosa. Em casa, praticávamos a fé, rezávamos, íamos à Igreja. Nossos pais nos ensinaram as orações e a acompanhar a vida da Igreja. Todo domingo, nós íamos com eles para a Igreja.

Devo ressaltar que meus pais tiveram uma formação religiosa muito boa. Quando eles eram adolescentes e jovens lá no Rio Grande do Sul, viveram em uma paróquia de padres jesuítas que tinham muito zelo pela formação das crianças, adolescentes e jovens.

E, por outro lado, eu nasci em uma região especialmente privilegiada, a região das reduções em Cerro Largo onde há a memória dos mártires, Roque Gonzalez, João de Castilho e Afonso Rodrigues. Eu nasci a uns 30 quilômetros do lugar do martírio deles. A devoção aos mártires, a mística do martírio era muito grande. Eles ainda não haviam sido beatificados, mas havia um forte movimento pela beatificação. As peregrinações ao lugar dos mártires eram muito presentes na formação das famílias, na mística das famílias, assim como o incentivo à perseverança e à firmeza da fé que eles inspiravam.

E tudo isso fez parte da formação dos meus pais, que, embora não tivessem estudos mais avançados, os estudos que tiveram os ajudaram muito a se desenvolverem também do ponto de vista cultural. Meu pai lia constantemente, lia revistas e jornais. Desde quando me lembro, quando criança, meu pai sempre lia à noite, mesmo depois de um dia de trabalho pesado. E nos fins de semana ele também lia livros; da mesma forma, minha mãe. Essa formação cultural eles transmitiram aos filhos.

Esse contexto familiar também marcou a minha infância e minha formação inicial.

Embora seja gaúcho, o senhor cresceu no Paraná, certo?

Sim, eu apenas nasci no Rio Grande do Sul e, quando tinha dois anos, em 1951, mudamo-nos para o oeste do Paraná, em Toledo, mais precisamente no distrito de Dois Irmãos. Meu pai precisava de um espaço maior para criar a família, porque já éramos sete filhos, e, depois, vieram outros ainda.

Enfim, tínhamos uma vida simples na família, com os irmãos, como acontecia nas famílias numerosas. Os maiores já ajudavam os pais nos vários serviços. Naturalmente, eles iam à escola, depois ajudavam a cuidar dos mais novos. Eu também ajudei a cuidar dos irmãos mais novos.

Como filho do meio, eu fui ajudado pelos irmãos mais velhos, sobretudo, minhas irmãs. Depois, quando eu cheguei à idade de 8, 10 anos, eu ajudei a cuidar dos meus irmãos mais novos. Claro, depois da escola, que era de manhã. À tarde, depois dos deveres de escola e os pequenos serviços vinha o cuidado dos irmãozinhos menores, enquanto a mãe também ia trabalhar com o pai nos serviços da roça, que eram tantos.

Isso criou laços profundos na família. Fomos muito companheiros na infância. E isso se prolongou, depois, vida afora, e dura até hoje.

Portanto, vivi num ambiente familiar normal, simples, sem abundância, mas não passávamos necessidades. Aquela história de passar a roupa para o irmãozinho mais novo, isso também vivi. De passar, eventualmente, o sapato para o irmão mais novo... Eram coisas das famílias numerosas, simples, em que se vivia a alegria, se aprendia a solidariedade, o amor. Não era possível imaginar alguém não ter a presença dos pais, a orientação deles, a palavra do pai ou da mãe orientando a vida com os princípios não só da fé, mas também da vivência moral, da honestidade, da justiça, do respeito aos outros. Foram essas coisas que aprendi desde pequeno no convívio familiar.

O senhor é de origem alemã e traz essa bagagem também de dentro da família. De que parte da Alemanha?

Sim, eu sou de origem alemã, mas já sou bisneto de imigrados. Quem veio ao Brasil foi meu bisavô Scherer e os bisavós por parte da minha mãe. Os quatro bisavós vieram da Alemanha, mais precisamente da Renânia, na região mais próxima da França e do Luxemburgo. Um ramo, pelo lado da avó paterna, veio da antiga Boêmia, que era parte do Império Austro-Húngaro e hoje corresponde à Tchéquia, mas que, no século XVII e XVIII, era povoada por alemães, porque está situada entre a Áustria e a Baviera.

PAIS

Como era seu pai?

Meu pai se chamava Edwino. Nasceu no lugar chamado Alto Feliz, para onde imigrou meu bisavô, lá no Rio Grande do Sul, no município de Bom Princípio, no início da Serra Gaúcha. A família do meu avô, com meu pai ainda menino de nove anos, mudou-se para a região missioneira, das reduções, onde ele cresceu, casou-se e nasceram vários dos meus irmãos e eu também.

Meu pai era um homem de liderança. Enquanto jovem adulto, ele sempre exerceu a liderança da Igreja, era da comissão da comunidade, hoje diríamos, do conselho paroquial.

Era um homem culto. Embora tivesse só o curso ginasial, ele tinha um conhecimento imenso e também era bom de cálculos. Era impressionante. Ele fazia tudo de cabeça. E eu lembro que, em certa ocasião, quando eu era menino, comecei a aprender na escola os cálculos de porcentagem e não conseguia compreender e nem resolver aquelas operações que meu pai resolvia de cabeça. Numa noite daquelas ele sentou comigo e me explicou cada detalhe. Daí para frente eu compreendi. O que o professor não conseguiu me explicar, ele me explicou e deixou claro.

Ele também tinha um conhecimento de História muito grande. Lia e se informava sempre. À noite, depois do trabalho, ele fazia muita questão de ouvir noticiários pelo rádio para se informar sobre o que acontecia no mundo. Ele tinha facilidade de participar de conversas até sobre assuntos um pouco mais complexos, questões de política, de história e de cultura. Ele tinha facilidade de falar sobre isso.

Além disso, era extremamente trabalhador. Acho que o senso de trabalho ele passou para todos os filhos.

Ele era um homem muito reto e até severo. Não tolerava, de forma alguma, qualquer tipo de trapaça ou de desonestidade. O senso da retidão ele tinha em altíssima conta. Não era um homem de muita manifestação de afeto. Talvez tenha sido a forma de educação que ele tinha para manter certa autoridade e não podia se manifestar muito afetuoso.

Porém, ele tinha grande amor à família. Lembro que ele tratava com imenso carinho os filhos pequenos. Depois, à medida que crescíamos, ele exigia mais, passava a cobrar mais responsabilidades e participação nas diversas tarefas familiares.

Ele tinha grande desejo que os filhos estudassem e pudessem seguir em frente na vida. Tinha apreço à vida religiosa, à vida da Igreja, e incentivou a vocação dos filhos. Eu tive outros irmãos que também quiseram seguir para o sacerdócio, mas depois acabaram desistindo, e só eu fui em frente.

Meu pai sempre incentivou, mas também deu toda a liberdade: quando meus irmãos deixaram o seminário, ele respeitou a decisão e o discernimento deles.

Quando alcançou 50 anos de idade, começou a se manifestar o problema de diabete, que tomou conta. Ele faleceu aos 75 anos de idade.

E SUA MÃE?

Minha mãe, Francisca Wilma, era de origem muito religiosa. Seus avós imigraram para o Brasil, pelos anos 1870. Foi depois da guerra franco-prussiana, que deixou uma grande devastação, muita pobreza na região limítrofe entre a Alemanha e a França. As pessoas, então, emigraram em grande quantidade, porque queriam paz, não queriam saber mais de guerra. O grande desejo era se desenvolver na vida livremente, sem estar a toda hora sendo chamados às armas. Além disso, depois da guerra franco-prussiana, houve muita fome naquela região da Alemanha, de onde emigraram tantos.

Lembro-me bem do meu avô, Miguel, que nós, os netos, admirávamos muito. Ele era uma pessoa serena, simpática, sabia contar histórias e ficávamos muito curiosos com suas historinhas. Ele sempre tinha alguma pegadinha de humor e isso minha mãe também tinha.

A mãe também nasceu em uma família numerosa, muito católica. Meu avô era, inclusive, o sacristão da pequena comunidade de origem, lá no Rio Grande do Sul. Ela também não tinha estudos mais avançados, mas para a época, nos anos 1920, ter o primário completo era um bom nível de iniciação nos estudos.

Como meu pai, ela também lia muito. Era normalmente aquela que puxava as orações mais compridas, as ladainhas, em alemão. As orações eram de um livro de devoção fornecido pelos jesuítas às famílias dos imigrantes.

Minha mãe teve 13 filhos. Duas meninas morreram bem pequeninas por acidentes domésticos, que, infelizmente, aconteceram. Uma por picada de aranha, que a acabou levando à morte ainda com poucos meses de vida. E a outra foi, infelizmente, uma queimadura grave, que, com os recursos limitados que havia, não conseguiu resistir e acabou falecendo.

Ela era uma pessoa extremamente generosa, afetuosa, atenta aos filhos. Era ela que nos orientava quanto à educação e todos aqueles hábitos fundamentais que as crianças aprendem ou precisam aprender em casa. Era muito trabalhadora. Dá para imaginar, sendo mãe com muitos filhos. E as coisas se faziam sobretudo em casa. Fazer comida, cuidar da casa, cuidar da roupa. E, claro, como pequenos agricultores, havia vacas e era preciso cuidar delas e tirar o leite; elas forneciam parte do nosso alimento. E, de resto, ela achava tempo para acompanhar meu pai, às vezes, no serviço da lavoura. A mãe era a primeira a se levantar e a última a se deitar. Trabalhava muito.

Ela faleceu aos 88 anos de idade, de Alzheimer, que se manifestou quando ela tinha 76 anos. Portanto, durante 12 anos evoluiu o quadro, até que veio a falecer. Mas ela teve a alegria de ver os filhos crescidos, muitos netos e até bisnetos. Na sua condição, ela foi muito bem tratada e rodeada por todos: filhos, netos e bisnetos.

Eu acho que, apesar das limitações que a doença lhe impunha, ela viveu uma velhice feliz.

INFÂNCIA

AGORA SOBRE A SUA INFÂNCIA, COMO SE DIVERTIA UM "PIÁ" DO INTERIOR DO PARANÁ NAQUELA ÉPOCA?

Ah! Nós nos divertíamos muito. Tínhamos muitas maneiras para nos entretermos. Brincávamos juntos, os irmãos pequenos, como as crianças fazem hoje. Inventávamos brinquedos. Não tínhamos os brinquedos à disposição. Eu não tive nenhum brinquedo comprado, nem meus irmãos tiveram. Nós fazíamos os nossos brinquedos, as coisas mais simples. Sabíamos nos entreter com brincadeiras e cantigas de roda.

A nossa curiosidade era tentar andar de bicicleta, mas não tinha bicicleta à disposição, por isso, um de nossos irmãos inventou fazer uma bicicleta de madeira e todos nós aprendemos a andar de bicicleta com aquela bicicleta de madeira.

Hoje, os meninos brincam com carrinho de rolimã no asfalto. Nós fazíamos os nossos carrinhos e brincávamos na estrada de terra, sem problemas. Nós tínhamos espaço. Havia árvores, fruteiras do mato. Nós vivíamos em cima das árvores a colher frutas. Só por graça de Deus, nunca aconteceu de cairmos de uma delas, quebrar um braço... Isso nunca aconteceu.

Mas o que nós adorávamos mesmo, era quando nos sentávamos em família e o pai ou a mãe começava a contar histórias, ou cantávamos juntos. Nós adorávamos.

Na escola, depois, começamos a aprender mais brincadeiras de grupo. Os jogos nos recreios eram sempre um momento esperado. Eu lembro que não tínhamos um espaço adequado para jogar futebol na nossa escolinha. Mas tínhamos outros espaços para brincadeiras, como o jogo de caçador, ou outras coisas que hoje, talvez, as crianças nem mais aprendem. Enfim, passear, caminhar, pescar, andar a cavalo, fazer açudes no córrego... Vivíamos muito em contato com a natureza e ali nos divertíamos.

De fato, não faltou diversão e interação criativa. Éramos muito criativos e, claro, não tínhamos televisão à época. Eu nasci em 1949, e só fui ver uma televisão no final dos anos 1960.

Que menino foi o pequeno Odilo Pedro?

Bem, é difícil falar de si próprio. Mas eu penso que eu era um menino sério, na normalidade. Não era alguém de contar piadas, por exemplo. Nunca fui e nem sou hoje.

Lembro-me que eu sempre tomava iniciativas. Na escola, eu tinha um certo senso de liderança. Gostava de estudar, era aplicado nos estudos. Às vezes, acontecia que todo mundo, em casa, ia dormir e eu continuava fazendo os deveres de escola. Isso eu me lembro. Ainda não havia luz elétrica, era com um lampiãozinho. De resto, eu era um menino como tantos, com seus gostos, suas brincadeiras.

Era peralta?

Às vezes, sim, mas nunca muito grave. Eu não me lembro de ter aprontado. Alguma vez, a mãe ou o pai chamavam a atenção. Porém, não me lembro de fazermos coisas de mau gosto ou coisa ruim, porque éramos educados para não fazer tais coisas.

Mas quem era mais doce? A mãe ou o pai?

Naturalmente, a mãe era sempre o refúgio. O pai cobrava contas e a mãe era o refúgio para dar o desconto.

Que língua se falava em casa?

Em família, nós falávamos normalmente o alemão, na verdade, um dialeto do alemão, que, em geral, as comunidades do interior do Rio Grande do Sul e de Santa Catarina falavam e, em parte, ainda falam hoje.

Aos poucos fomos aprender o português, sobretudo na escola, no convívio com outras pessoas. Devo dizer que aprendi o português mesmo no seminário, quando me vi obrigado a aprender a gramática, a pronunciar de maneira correta, a escrever.

IRMÃOS

O senhor falou que o relacionamento entre os irmãos sempre foi um relacionamento de uma família muito unida. Algum dos irmãos era o preferido?

Olha, era costume que o mais novo fosse o querido da casa. Mas cada um teve a vez de ser o mais novo. E o mais novo não era só o querido dos pais, acabava também sendo o querido dos irmãos, que todos acabavam circundando de especial carinho e atenção. Mas é claro que, entre irmãos, acontecia alguma briguinha, alguma rusga. Isso sempre houve e, como acontece entre crianças, depois, termina por aí mesmo, já vão brincar juntos de novo.

Qual é o nome dos seus irmãos?

Calma, que eu lembro de todos: Íria é a mais velha, hoje está com 84 anos. Depois, Hermeto, o irmão mais velho. Em seguida, vêm a Inês, o Flávio, o Lotário e eu. Daí, vem Paulino, logo abaixo de mim. Depois, Acádio, Lúcio, Bruno e Erno. Somos os 11 que vivem. E as duas que faleceram pequeninas eram Norma e Ana Maria.

O QUE ELES REPRESENTAM PARA O SENHOR E O SENHOR PARA ELES?

Hoje, o irmão mais novo tem 62 anos, e a mais velha, 84. Os tempos mudaram, mas continuamos unidos. É claro que o andar da vida nos distanciou geograficamente. Eu tenho irmãos espalhados em várias partes. Eu estou em São Paulo, tenho um irmão morando no Vale do Paraíba, em São José dos Campos, outros moram na Bahia, no Mato Grosso e até no Paraguai.

Os demais moram no Paraná, em Toledo, no município onde cresci, ou por perto dali. Nós nos encontramos com regularidade, ao menos uma vez por ano. Quando nossos pais viviam, nos reuníamos mais vezes. Mas, hoje, meus irmãos têm família, netos e até bisnetos. Cada um tem a sua vida. É sempre muito bonito, quando nos reunimos, recordamos a vida, cada um com a sua história, suas dificuldades e alegrias, nós nos apoiamos bastante.

É claro que os irmãos têm apreço por mim. Ninguém nunca poderia imaginar que um membro da nossa família fosse, de repente, ser arcebispo de São Paulo. Nem eu, como padre, imaginei que um dia acabaria aqui em São Paulo com essa enorme responsabilidade que tenho.

Portanto, sim, há apreço, estima, uma justa admiração. Mas, o relacionamento, quando estamos juntos, é de irmão para irmão. Ninguém fica fazendo cerimônia. Quando estamos em família, somos irmãos e eu sou um deles. Ninguém me coloca em lugar especial.

Quem é o mais brincalhão?

Tenho alguns irmãos que herdaram o humor do meu avô materno, que tinha um toque de humor fino, bem interessante, às vezes, com um pouco de ironia. E alguns dos meus irmãos mais novos, especialmente, herdaram isso. Todo mundo entra na brincadeira, quando, sobretudo, se recordam histórias do passado.

Há algum momento da infância que o senhor lembra com muita saudade?

Cada idade tem os seus momentos que poderiam ser recordados com saudade. As primeiras recordações da minha infância, eu devia ter três para quatro anos, são de momentos bonitos de convívio familiar. Também recordo com muita felicidade o meu tempo de seminário menor, em Curitiba. Foi um período bonito, ao mesmo tempo, difícil, que me marcou profundamente. Para mim, foi um período de muitos frutos, que, de fato, estruturou a minha vida, a minha personalidade.

Passei sete anos no seminário menor em Curitiba, que deixaram marcas muito bonitas na minha vida e que recordo com alegria. Até temos hoje um grupo de colegas daquela época, que não ficaram padres, mas se relacionam. Continuamos nos correspondendo, temos um grupo de WhatsApp e nos encontramos ocasionalmente. Eles são casados, profissionais já aposentados, avós. Mas, quando nos encontramos, parece que todos viram seminaristas de novo. O seminário realmente deixou marcas bonitas em nossas vidas.

É claro, também recordo minha ordenação sacerdotal, toda aquela expectativa, a preparação, e, finalmente, a ordenação: foi um momento muito feliz na minha vida. Naturalmente, aí já estamos falando da fase mais adulta.

Missa celebrada pelo Padre Odilo Scherer dias depois de sua ordenação sacerdotal.

II

O SEMINARISTA

VOCAÇÃO

Como se deu o seu despertar vocacional?

Há vários fatores que, certamente, foram importantes para a minha vocação. O primeiro deles é que, na família ampliada, havia parentes padres. Meu pai tinha um tio que era jesuíta, minha mãe tinha uma irmã religiosa e havia primos padres e que, às vezes, visitavam a família.

Meu pai também tinha uma tia religiosa, das irmãs de Santa Catarina, que trabalhou em São Paulo, no Hospital Santa Catarina. Ela era muito querida, correspondia-se conosco. Era uma referência.

Mas, também havia Dom Alfredo Vicente Scherer, que foi Arcebispo de Porto Alegre e depois tornou-se cardeal. Era um parente distante e também era uma referência.

A vocação religiosa e a vocação sacerdotal eram apreciadas na família. As famílias da nossa época tinham alegria quando o filho queria ser padre. Dificilmente, algum pai ou mãe diria a um filho que não queria que fosse para o seminário. Os pais apoiavam, havia apreço.

Quanto às influências mais próximas da vocação, em primeiro lugar, destaco o pároco que nós tínhamos: o Padre Aloísio Baumeister, um missionário do Verbo Divino, muito zeloso. Ele visitava as famílias, era um padre alegre, simples e muito querido. Ele marcou verdadeiramente a nossa família, como tantas outras.

Padre Aloísio era alemão e, ainda seminarista, foi chamado para integrar o exército alemão na segunda guerra mundial. Felizmente, sobreviveu. Depois, completou os estudos, foi ordenado padre e enviado como missionário para a China.

Em 1948, a Revolução Comunista na China suprimiu a Igreja, expulsou os padres e demais missionários. Então, ele veio para o Brasil e foi ser nosso pároco no Paraná. Era uma paróquia grande, com mais de 60 capelas e comunidades. A da nossa família era uma dessas capelas.

Apesar de tantas comunidades, ele conseguia estar presente em todas. Lembro-me que ele andava de moto, percorrendo as estradas de terra para visitar as comunidades. Depois, ele comprou um jipe e, finalmente, deram-lhe um fusca. Para mim, ele era o ideal de padre que eu queria ser. Essa ideia me fascinava. Ele foi importante no meu despertar vocacional.

Além disso, na escola primária, havia um promotor vocacional dos Irmãos Lassalistas, que percorria as salas de aula perguntando: "Quem quer ser padre? Quem quer ser freira? Quem quer ser irmão Lassalista?" E isso, para mim, foi uma ocasião muito concreta para desenvolver a ideia da vocação.

Por fim, tivemos um professor primário que tinha sido seminarista. Ele não se tornou padre, mas virou líder comunitário e catequista. Era ele quem fazia a celebração dominical com o povo. Ele também alimentava em nós a semente vocacional. Dizia que sua maior alegria seria ver alguém de nós se tornar padre. Vários meninos da minha turma acabaram indo para o seminário. Depois deixaram. Acho que fui o único que, de fato, tornou-se padre.

Quando foi o ingresso no seminário?

Quando eu já estava decidido a entrar no seminário, veio a criação da Diocese de Toledo[1], em 1959, e a posse do primeiro Bispo, Dom Armando Círio.

Meu pai foi à posse do bispo como representante da comunidade. À noite, ele chegou em casa contando como foi a celebração, como era o bispo e assim por diante. Então, ele disse que o bispo ia abrir um seminário para formar padres para a nova diocese. Isso era um conceito novo, porque só sabíamos dos seminários das congregações religiosas. Então, o pai olhou para nós, meninos, e disse: o primeiro de vocês que quiser ir para o seminário, irá para o seminário do bispo. Era a minha vez e acabei indo para o seminário do bispo.

1 A Diocese de Toledo foi criada em 20 de junho de 1959, por São João XXIII, tendo seu território desmembrado da então Prelazia de Foz do Iguaçu e, atualmente, abrange 19 municípios do oeste do estado do Paraná.

Mas, antes disso, não houve nenhuma namorada?

Não, eu era apenas um menino, tinha 12 anos e os relacionamentos dessa época eram de crianças. Eu sentava lado a lado com uma coleguinha, filha de uma família vizinha. Outra coleguinha, também se sentava perto e ajudava a fazer as tarefas, a soprar quando eu não sabia responder a perguntas do professor. Às vezes, eu a encontro, pois ela mora em São Paulo, é casada, tem filhos e netos. E quando nos encontramos, recordamos com alegria e saudades a nossa escolinha. Foi um tempo muito bom.

Então, o senhor ingressou no "seminário do bispo"?

De fato, eu fui o primeiro a ser matriculado no seminário da diocese de Toledo, aberto em 1962. Na ocasião, o bispo ampliou a casa que a diocese tinha preparado para ele e criou um pequeno seminário para acolher 25 meninos.

Então, o senhor foi o primeiro sacerdote da diocese?

Da primeira turma que entrou no seminário da diocese, sim. Mas já havia vários seminaristas que estavam em outros seminários antes que a diocese fosse criada. E esses, naturalmente, foram ordenados antes de mim.

Como era Dom Armando?

Ele era da congregação dos Oblatos de São José de Asti, tinha sido pároco em Apucarana (PR), onde construiu a Igreja que viria a ser a Catedral Nossa Senhora de Lourdes, de Apucarana. Ele nos contava que, quando foi pároco lá, no final dos anos 1940, sua paróquia era responsável por toda a região noroeste do Paraná, onde hoje estão as dioceses de Apucarana, Maringá, Paranavaí e Umuarama. Hoje, há quatro dioceses no espaço que era de uma paróquia.

No final dos anos 1940 e início dos anos 1950, a região estava sendo pouco a pouco ocupada, por mineiros e paulistas que entravam Paraná adentro para plantar café. Dom Armando, como pároco em Apucarana, saía para celebrar nas comunidades organizadas espontaneamente por esses migrantes. Eles construíam capelinhas, reuniam-se para rezar o Terço, e quando o padre chegava, já havia comunidades organizadas.

Dom Armando, ainda padre, saía para o interior, com o jipe dele, celebrava 250, 300 batizados e vários casamentos num só final de semana. Ele foi nomeado bispo em 1959, quando foi criada a diocese de Toledo, desmembrada da antiga prelazia de Foz do Iguaçu, que foi extinta ao serem criadas as dioceses de Toledo e Campo Mourão.

Quando o senhor foi para o seminário, já foi com a convicção de que queria ser padre?

Sim, eu tinha este desejo: queria ser padre. E esse desejo, para mim, era claro e firme. Alguém pode duvidar, se as crianças já sabem o que querem. Eu sabia o que queria. Obviamente, essa convicção foi se clareando e amadurecendo com o tempo. E não é que ao longo dos anos do seminário não tive dúvidas: tive, sim, meus momentos de dúvida que enfrentei e esclareci com a ajuda dos formadores. Como todo adolescente e jovem, também pensei em alternativas. Mas a ideia mestra foi sempre a de ser padre, que também se afirmou.

SEMINÁRIO

E como foi o dia em que deixou a sua casa e foi para o seminário?

Creio que foi uma segunda-feira, no fim de fevereiro de 1962. Eu tinha 12 anos. Saímos cedo. Meu pai me levou até Toledo e me apresentou ao padre reitor do pequeno seminário. Eu me recordo bem, a diocese ainda tinha poucos padres, e para cuidar do pequeno seminário, o Bispo de Caxias do Sul ofereceu um sacerdote e um seminarista maior para serem os formadores daquele pequeno grupo do pré-seminário.

Eram o Padre Luiz Vaccaro, da Diocese de Caxias do Sul, e o seminarista, que depois acabou não sendo ordenado padre, chamado Constantino Ferrari, um jovem muito bom, que me ajudou muito.

Padre Luiz anotou meu nome no livro de matrícula e mostrou-me onde devia deixar as minhas coisas. Conversamos um pouco, e eu acho que meu pai já fez o primeiro pagamento para o seminário, pois era costume que a família pagasse a mensalidade ao seminário. Então, o pai foi e eu fiquei no seminário.

Ao longo do dia, foram chegando os outros meninos e começou o entrosamento; daí a pouco, já chamaram para jogar bola, para rezar o Terço, para o refeitório (com comida diferente da que eu estava acostumado em casa).

A vida foi tomando o seu ritmo próprio no seminário. Era bastante comprometida e exigente. Os formadores tinham o senso da medida de cada coisa, quando era sério, era sério; quando era esporte, era esporte. Aquilo deu para nós uma disciplina de vida que foi fundamental para mim.

Quanto tempo ficou nesse seminário em Toledo?

Foi apenas um ano. Funcionou como pré-seminário, pois cursávamos a quinta série, que era o ano da admissão ao ginásio, uma espécie de propedêutico para entrar no seminário. Foi um ano muito bem aproveitado para os estudos, para aprofundar certas coisas que não tínhamos visto no curso primário. Aquele primeiro ano valeu enormemente para o seminário, que depois continuou em Curitiba.

Como era essa vida de seminário para uma criança de 12 anos?

Éramos uns 25 meninos mais ou menos da mesma idade. Havia um ou outro, talvez com 15 ou 16 anos. Portanto, éramos um grupo bastante homogêneo, porém, vindos de realidades diferentes.

No seminário, aprendemos imediatamente a nos confrontar com outras realidades humanas. Eu lembro que, na região oeste do Paraná, havia gente de muitas origens diferentes. Assim, também os meninos eram de origem alemã, italiana, polonesa e até paraguaia, porque na região também moravam famílias paraguaias.

Havia os que gostavam de jogar bola, outros que não gostavam. Havia os que contavam histórias e outros não. O primeiro ano serviu para me situar num grupo de certa diversidade cultural, de relacionamentos mais abertos, para não ficar no pequeno grupo de amizades que tínhamos cultivado ao longo dos quatro anos do primário, ou num pequeno círculo familiar.

A saudade bateu forte quando, com 12 anos, me vi fora do ninho familiar. Lembro-me que um dia eu sentia muita saudade e me retirei em algum lugar para chorar. Então, aquele seminarista maior, Constantino, encontrou-me e se sentou ao meu lado. Ele estava com uma maçã, começou a repartir a maçã comigo e foi conversando. Aí, passou, porque senti que alguém se interessava por mim e que eu não estava sozinho. Ele foi muito sábio na sua maneira de agir, de se aproximar, de compartilhar e de compreender. Com isso, ele me levou de volta ao grupo.

Depois, começaram os estudos e eu me encontrei, porque eu gostava de estudar. Dedicava-me muito ao estudo. Lembro-me de um colega que seguiu bastante tempo no seminário, mas acabou não ficando padre. No dormitório, nós tínhamos as camas próximas. Uma noite, antes das provas do dia seguinte, começamos a sabatinar um ao outro sobre questões de gramática, até nos cansarmos... Aquilo nos ocupava, interessava e tornava mais objetiva a nossa permanência no seminário.

Além do estudo, havia a vida comunitária. Tínhamos de nos relacionar, jogar com os outros, fazer pequenos trabalhos em comum, rezar com os outros. Enfim, foram as primeiras experiências de um convívio de comunidade mais ampla que o pequeno círculo familiar do qual provínhamos.

Seus pais o apoiavam?

Sim, eles me apoiaram durante todo o período da formação, sempre respeitando a minha liberdade. Como eu disse, tive crises de saudades. Retornar das férias ao seminário, era um tormento para mim. Uma vez, estive no ponto de não querer mais voltar ao seminário. E aí, minha mãe, muito sabiamente, conversou comigo e me confortou. E ela disse assim: "Se você não quer, não precisa voltar ao seminário. Você não é obrigado a voltar ao seminário".

Aquilo foi, para mim, uma pedra de toque. Percebi, que dependia só de mim. Então, decidi voltar ao seminário e continuei os estudos. É importante nos darmos conta de que somos livres, que precisamos assumir a própria decisão, que não estamos ali empurrados, obrigados por alguém. A decisão devia ser minha e com toda a liberdade. Aquele momento, para mim, foi fundamental.

Algum desses colegas do início do seminário se tornou sacerdote?

Dois deles também foram ordenados sacerdotes. Um, depois, deixou o ministério.

Tem contato com esse que continua?

Menos. Porque, na verdade, ele deixou o nosso seminário para entrar em outra diocese, em Santa Catarina, onde foi ordenado e, por isso, acabei não tendo mais contato com ele.

O seminário é o lugar onde, além da formação intelectual, há também a formação espiritual. Como foi conjugar essas dimensões?

A dimensão espiritual e mística foi se desenvolvendo aos poucos. No início, isso não era demasiadamente acentuado, mas foi amadurecendo conforme a idade.

Nossos formadores foram bons pedagogos e souberam dosar as coisas conforme a idade, o nível de compreensão e assimilação que tínhamos.

Eu lembro que quando eu estava no segundo ano do ginásio, um pregador de retiros, que tínhamos um dia por mês, contou para nós as histórias de alguns santos, e, então, soltou esta: "Vejam, a maior graça que vocês poderiam ter, ou que nós poderíamos ter, é que alguém do nosso seminário se tornasse santo". Aquilo me marcou fortemente. Ter a santidade como ideal, era mais que ser padre. De fato, o fundamento da nossa vocação é a santidade.

Tínhamos um ritmo bom de cultivo da vida espiritual, fortemente marcada pela mística eucarística, com a Missa todos os dias, a oração diante do Santíssimo Sacramento, as visitas eucarísticas cotidianas.

Além disso, sobretudo a partir do Concílio Vaticano II, a Palavra de Deus tinha maior centralidade em nossa vida.

Recordo de outro retiro em que um padre nos fez ler o Evangelho de São João inteiro. Eu nunca tinha lido esse Evangelho completo, com 14 ou 15 anos de idade. Lembro que, com as meditações do pregador, a leitura foi para mim uma revelação, que marcou a minha vida pessoal, a minha espiritualidade.

Há certas coisas que o Espírito Santo vai fazendo e nos conduzindo. Por isso, nunca devemos ter medo de estar desperdiçando palavras, sobretudo os educadores, os pais ou os formadores de crianças, adolescentes e jovens. Não devem ter medo de lançar sementes. Um dia a semente brota e produz o seu fruto.

Saindo de Toledo, o senhor começou a ter contato com a Igreja maior que a sua comunidade local. Como foi essa experiência?

A ida para estudar em Curitiba foi bem interessante. Eu tinha 13 anos de idade e fomos acompanhados pelo seminarista maior Constantino Ferrari. Creio que não precisávamos de autorização do Juizado de Menores para viajar... ele nos acompanhou, entregou-nos no seminário São José, de Curitiba, e depois regressou a Toledo. Correu tudo bem.

No seminário, tínhamos tudo o que precisávamos e, por isso, não mergulhei imediatamente na cidade grande. Pouco a pouco, isso foi acontecendo. O seminário era imenso e ainda estava em construção. Os seminaristas eram muitos, acho que eram mais de 120 jovens e adolescentes. Havia três grupos: os maiores, os médios e os menores, acompanhados por formadores diversos.

Entrei no grupo dos menores; era um esquema interessante, com uma pedagogia bem trabalhada. Tínhamos as aulas no seminário, que era reconhecido como escola. Havia o ginásio e o segundo grau (atualmente, ensino médio), que nós chamávamos de curso colegial). Do ponto de vista da formação escolar e acadêmica o seminário foi excelente.

Eram os padres e algumas religiosas que davam as aulas e também um ou outro leigo era chamado para dar aulas. Era escola em tempo integral. Pela manhã, tínhamos a maior parte das aulas regulares e, à tarde, depois de um tempinho de esporte e trabalhos manuais, sentávamo-nos novamente para estudar, com aulas de línguas e de música. Havia bastante tempo para o estudo pessoal e orientado.

Tudo era muito organizado e, assim, aproveitávamos bem o tempo. À noite, havia ainda alguma atividade, mas íamos dormir cedo. Os formadores nos acompanhavam de perto, quer nos estudos, quer na convivência, no esporte, no recreio, nos momentos de trabalho e de lazer; estavam sempre atentos às nossas situações pessoais e da saúde.

No início, estranhei o seminário, pois não estava acostumado com aquele grupo grande. Mas aprendi logo a conhecer outros colegas e fiz novas amizades. Entrei rapidamente nesse esquema. No entanto, a mudança para Curitiba, distante 560 quilômetros de Toledo, parecia-me uma distância infinita. Por isso, tive uma tremenda crise de saudades. Depois passou, sobretudo, quando iniciaram as aulas. Assim fui crescendo e me acostumando. Ir ao seminário foi para mim uma abertura de horizontes e de percepção do mundo.

CONCÍLIO

O senhor iniciou a caminhada formativa na mesma época em que a Igreja iniciava um Concílio. O que recorda disso?

De fato, entrei no seminário em 1962, ano em que teve início o Concílio Vaticano II. Lembro-me que acompanhamos a abertura do Concílio em Toledo, com uma procissão luminosa na cidade e, no final, houve uma grande pregação.

Confesso que ainda não estava entendendo nada daquilo, mas me lembro de um detalhe. Voltando para casa, no final da procissão, o caminho estava iluminado pela lua cheia. E só depois que me tornei padre é que fui saber daquelas palavras do Papa João XXIII, exatamente naquela noite da abertura do Concílio, ao povo reunido na Praça de São Pedro: até a lua veio espiar esse espetáculo maravilhoso do povo, a *fiaccolata*, ou seja, a procissão luminosa. Hoje se diz que era o "discurso da lua"[2], mas, na verdade, era o discurso sobre a abertura do Concílio.

No seminário em Curitiba, com o primeiro documento aprovado já em 1963, a constituição *Sacrossanctum Concilium* — sobre a liturgia —, começamos a ver as novidades na celebração da Missa. Os formadores já introduziram a Missa em português, cuja tradução oficial demorou para ser publicada, mas as novidades da reforma litúrgica já começavam a ser assimiladas no seminário. Isso aconteceu de maneira serena. Hoje, há um clima muito mais complicado em relação à reforma litúrgica, coisas que, naquela época, não se punham dessa forma. O povo recebia com alegria a possibilidade de participar melhor da Missa, compreender o que era celebrado, em vez de o padre rezar a Missa sozinho enquanto o povo rezava ladainhas, o Terço ou fazia outras devoções.

Isso foi um grande passo, acompanhado, depois, dos outros documentos que foram chegando; os formadores iam explicando as decisões do Concílio. Aquilo marcou o meu período de seminário de 1963 a 1966.

2 Na noite de 11 de outubro de 1962, após a sessão de abertura do Concílio Vaticano II, uma multidão acorreu espontaneamente à Praça de São Pedro com velas e em oração. São João XXIII se aproximou da janela do Palácio Apostólico, e, emocionado, falou de improviso: "Caros filhinhos, ouço as vossas vozes. A minha é apenas uma, mas condensa a voz do mundo inteiro. Todo o mundo está aqui representado. Parece que até a lua antecipou-se esta noite – observai-a no alto – para contemplar este espetáculo. É que encerramos uma grande jornada de paz. Sim, de paz: Glória a Deus e paz aos homens de boa vontade".

OUTRA PARTE DO PERÍODO FORMATIVO TAMBÉM COINCIDIU COM O CONTEXTO QUE MUITOS DESCREVEM COMO SENDO MARCADO POR CRISES NA ASSIMILAÇÃO DAS NOVIDADES CONCILIARES. COMO ISSO ERA PERCEBIDO NO SEMINÁRIO?

Essa percepção começou a aparecer mais no final dos anos 1960, início dos anos 1970. Eu estava passando do seminário menor para iniciar os estudos de Filosofia no seminário maior. Ainda no seminário menor, o reitor tinha um encontro formativo semanal com a turma e abordava diversos assuntos formativos e informativos. E também nos contava as coisas do Concílio e já falava das preocupações sobre padres deixando o ministério, religiosas e religiosos abandonando os conventos. Isso começou, sim, a chamar a atenção.

Mas foi no início dos anos 1970 que a crise *lefebvriana*[3] entrou mais fortemente, quando a reforma conciliar veio a se consolidar no novo Missal, de São Paulo VI, e nos rituais dos sacramentos. Mas não foi aceita por um grupo liderado pelo bispo Marcel Lefebvre. O Papa sofreu muito, porque já se ameaçava o cisma dos que não aceitavam a reforma litúrgica. E já se percebia mais fortemente a crise vocacional e sacerdotal.

Houve muita discussão em torno do celibato sacerdotal e muitos padres e seminaristas ficaram na expectativa da eventual abolição do celibato. Houve um período em que, praticamente, se apostava que o celibato ia acabar. Paulo VI, no entanto, assumiu uma posição firme e deixou claro que não ia mudar essa norma na Igreja. Só que muitos já tinham decidido não ser celibatários e houve uma grande baixa nos

---

3 Crise surgida a partir do movimento liderado pelo arcebispo francês Marcel Lefebvre (1905-1991), principal opositor da reforma litúrgica pós-conciliar, que, em 1970, fundou a Fraternidade Sacerdotal São Pio X, grupo que segue as normas e a tradição litúrgica pré-conciliares. Em 1988, foi excomungado por ordenar quatro bispos sem permissão da Santa Sé.

seminários; muitos padres deixaram o ministério, porque tinham alimentado a expectativa de que o celibato poderia acabar e que poderiam se casar.

Também no campo da formação, dos estudos?

Essa, talvez, foi a crise de fundo mais séria, a crise na Teologia, na Teologia moral e no Direito Canônico. Terminado o Concílio, era preciso aplicá-lo, o que significava renovar os estudos teológicos, feitos tradicionalmente. Muitos já os consideram ultrapassados e não mais válidos. Estamos falando da Escolástica, de São Tomás de Aquino e dos grandes teólogos da Igreja. Interessante é que o Concílio chamou para voltar aos Santos Padres da Igreja; no entanto, para renovar os estudos de Teologia, deixaram-se de lado os Padres da Igreja e os grandes teólogos, como São Tomás, Santo Agostinho, São Boaventura, os grandes teólogos medievais, a Escolástica etc. Isso causou uma grande desorientação nos seminários, nos institutos de Teologia.

Eu passei por esse tempo. Primeiramente, no seminário, quando os formadores se questionavam sobre o modelo de formação dos futuros sacerdotes e até sobre a razão de ser dos seminários, se continuariam a existir ou se haveria outro tipo de formação para outro tipo de sacerdote. Essa interrogação perdurou por vários anos, deixando muita incerteza no ar, antes que se reafirmasse o seminário como caminho válido para a formação sacerdotal.

Nos estudos de Teologia, os referenciais anteriores ao Concílio foram sendo deixados de lado, enquanto os novos ainda não estavam em evidência. Mesmo os grandes teólogos do Concílio, do pós-Concílio, no início dos anos 1970, ainda não tinham aquela evidência, que em seguida tiveram mais para o final dos anos 1970 e início dos anos 1980.

Em relação à Teologia Moral, discutia-se se determinada questão doutrinal havia mudado ou se permanecia válida. Igualmente no Direito Canônico: Paulo VI tinha pedido para serem feitos um novo Catecismo e um novo Código Direito Canônico. Isso, porém, ainda estava em processo e precisou de tempo para sair. O novo Código de Direito Canônico saiu só em 1983. Nosso professor de Direito Canônico, à época, pegava o Código e dizia: "Isso aqui está mudando, aquilo estão discutindo, isto não vai valer mais". Não se sabia mais o que ensinar e o que permaneceria válido.

Aos poucos, foi se firmando o pé em relação à interpretação do Concílio, com alguns grandes teólogos conciliares, que foram dando o rumo a uma nova reflexão teológica, sobretudo em questões fundamentais, como a Cristologia, a Eclesiologia, os Sacramentos e assim por diante. Eu vivi esse tempo de crise e via que as coisas estavam bastante incertas. Nos anos 1980 e em diante, com o Papa São João Paulo II, as coisas já foram se firmando melhor.

Esse período de crise chegou a balançar suas certezas?

Isso também me questionou, mesmo vocacionalmente. Eu sabia que queria ser padre, porém, aquela discussão sobre qual era o tipo de padre dali em diante, mesmo no seminário, não deixou de mexer com os seminaristas, os formadores e até os bispos. Havia seminários fechando; havia bispos abrindo um seminário "diferente", sem saber bem que tipo de orientação dar para a formação dos seminaristas. Havia muita incerteza, mas considero que, de certa forma, isso também foi

Conseguiu dormir depois de tantas emoções?

Dormi, sim, com muita alegria no coração e grande paz.

Acordar sacerdote, como foi?

Foi uma sensação nova, dar-se conta que, dali em diante, minha vida, minhas relações com a Igreja, minhas responsabilidades, tudo havia sido marcado de uma forma nova.

Depois, houve a primeira Missa. Como foi?

Sim, no dia seguinte. Lembro que a tônica foi a do *Magnificat*[5], porque era o dia da Imaculada Conceição. E senti que o cântico de Maria, naquele dia, era também meu hino de gratidão a Deus pelo dom do sacerdócio.

O senhor escreveu a homilia?

Eu escrevi, mas dificilmente faço homilias inteiramente escritas. Escrevo anotações que me guiam na reflexão, que faço de forma livre. Foi assim que nos prepararam para fazer a homilia. Ainda hoje, só em ocasiões muito especiais eu escrevo o texto inteiro.

---

5 Cântico bíblico entoado pela Virgem Maria após ser saudada por Santa Isabel (Lc 1,46-55).

Ainda sobre a primeira Missa, o senhor recorda o sentimento de consagrar pela primeira vez?

A Missa é sempre uma grande graça. Aos olhos da fé, é como se estivéssemos à mesa da Última Ceia, com Jesus, fazendo o que Jesus mandou, fazendo aquilo que a Igreja faz em nome de Jesus, em benefício do povo. A primeira Missa foi muito especial para mim.

A administração dos sacramentos requer de nós uma contínua renovação da fé e da consciência do que fazemos, para não acabar fazendo as coisas mecanicamente.

Celebrei a primeira Missa na comunidade de Dois Irmãos, onde morava minha família. Foi um dia muito bonito e ensolarado. Muitas pessoas participaram da festa. Meus pais e familiares estavam muito felizes e orgulhosos de terem um filho e irmão padre. Era geral a convicção de que a família que tinha um filho padre ou uma filha religiosa era especialmente abençoada. Meu pai ofereceu uma grande festa para os convidados.

Aquele padre, que eu admirava quando criança, Pe. Aloísio Baumeister, SVD, foi meu padrinho de ordenação e fez a homilia. Estava muito feliz. Pouco tempo depois, ele faleceu. Para ele, ver um paroquiano ser ordenado padre na paróquia onde ele estava servindo foi um momento de realização para a sua vida missionária.

Um dos encontros do Padre Odilo com São João Paulo II, no Vaticano, durante o período em que trabalhou como oficial da então Congregação para os Bispos, entre 1994 e 2001.

III

O PADRE

SACERDÓCIO

A primeira missão do senhor foi como formador no seminário. Como foi assumir essa responsabilidade de ajudar na formação de futuros padres?

Era um seminário menor, com curso ginasial e colegial. Uma turminha grande, de uns 80 a 90 meninos. Os estudos eram internos. O bispo pediu para que eu fosse logo trabalhar no seminário, como assistente e professor, ajudando o reitor. Os padres que cuidavam do seminário eram italianos, que tinham vindo para ajudar a diocese até que tivesse clero próprio. Depois, eles partiriam para outras missões.

No segundo ano, o bispo já me deu o encargo de reitor do seminário menor, para cuidar do conjunto da formação, da vida diária do seminário e da escola. Eu também dava aulas e ajudava os seminaristas a darem conta dos estudos.

Dei aulas de língua portuguesa; tive professores bem exigentes, que me estimularam muito no estudo da nossa língua. Também lecionei língua francesa; tive um bom aprendizado de francês no seminário e pude aperfeiçoar esses estudos na Universidade de Lyon, na França. Os alunos do seminário gostavam muito.

Que tipo de formador era o senhor? Rígido ou mais tranquilo?

Eu sempre fui bastante exigente em relação à formação e aos estudos porque partia do pressuposto que ali estávamos para essa finalidade e devíamos buscar esse objetivo honestamente. Havia momentos de distensão, esporte, convivência e alegria; mas o momento dedicado aos estudos era levado a sério.

Mesmo quando, mais tarde, lecionei na faculdade, em Toledo, o meu princípio era o mesmo, para estimular os estudantes a valorizarem a oportunidade de estudar e o diploma que conquistariam. Eu dizia a eles: prefiro que vocês falem de mim por ser exigente com vocês, do que por não terem aprendido nada comigo.

E xingavam?

Alguns xingavam. Porém, atualmente encontro estudantes daquela época, com 50, 60 anos de idade, que me agradecem, dizem que valeu a pena. Sempre tentei valorizar meu trabalho, mas também o esforço que os estudantes faziam. Não se trata de exigir por exigir, mas de uma atitude pedagógica de valorização do esforço, do tempo e do investimento feito.

ALGUM DESSES SE TORNOU SACERDOTE?

Muitos ficaram padres e alguns até já são bispos. Tenho o melhor relacionamento com todos eles e eles reconhecem que foram tempos exigentes, mas que valeu a pena. Outros não ficaram padres e seguiram vida afora.

COMO FORMADOR, O SENHOR TINHA A RESPONSABILIDADE DE AJUDAR ESSES JOVENS A DISCERNIREM, A LIDAREM COM SUAS DÚVIDAS, ASSIM COMO O SENHOR CONTOU QUE OS FORMADORES TAMBÉM AJUDARAM O SENHOR, CERTO?

Tive ótimos formadores, que ficaram sendo referências importantes para mim. A experiência da formação recebida valeu-me muito para o trabalho que tive de fazer no seminário, como formador. Os padres italianos, com os quais trabalhei por dois anos, eram do Piemonte, da região de Turim e traziam na cultura deles o método de Dom Bosco. Eram padres diocesanos, mas aplicavam o método preventivo de Dom Bosco, que incluía a presença, o afeto e a atenção amorosa aos educandos.

Portanto, estar com, acompanhar, observar, conhecer, onde não é necessário repreender, porque a presença do formador ajuda a perceber por onde seguir. Eles tinham um modo muito atencioso de tratar as pessoas. Isso me valeu muito. Depois, também fui estudar um pouco sobre o método

há muito discernimento a ser feito para, de fato, consolidar uma definição vocacional.

Atualmente, com as mídias sociais e, o acesso à informática, existem novas possibilidades no campo da formação, mas também há uma série de situações novas, que os formadores nem sempre conseguem acompanhar adequadamente. Por isso mesmo, também a Santa Sé, ao tratar do acompanhamento dos seminaristas no período formativo, recomenda especial atenção ao uso das mídias sociais no seminário.

Em meio a tantas mudanças, por que o seminário ainda é necessário?

A Igreja pede que o percurso formativo para o sacerdócio seja feito no seminário. Os seminários começaram a existir, enquanto tais, depois do Concílio de Trento, no século XVI, e se tornaram um grande meio da Igreja para a formação sistemática e adequada do clero. Por isso, o Concílio de Trento definiu o seminário como regra para a formação sacerdotal.

Após o Concílio Vaticano II passamos um período de crise do seminário e houve certa tendência a abandonar os seminários para buscar outras maneiras de formar o clero, sem passar pelos seminários. Porém, em pouco tempo viu-se que não era bom abandonar o seminário. O Papa São João Paulo II voltou a recomendar fortemente os seminários. O seminário valoriza muito e torna possível a formação sistemática dos futuros sacerdotes, não apenas voltada para a dimensão intelectual e acadêmica, mas à formação humana e cristã, à formação do caráter, formação para a vida comunitária, pois o padre, depois, vai viver para a comunidade e com o povo.

Se não aprende o desapego a si no seminário, depois, na paróquia, o padre vai viver apegado a si, descuidando do povo.

COMO DISCERNIR SE UM JOVEM TEM VOCAÇÃO PARA O SACERDÓCIO?

O discernimento vocacional é a busca da compreensão das razões da escolha vocacional e do desejo de ser padre. Por que alguém quer ser padre? Quais as motivações que traz consigo? O que deseja alguém, querendo ser padre?

O discernimento se faz também a partir de como o seminarista se expressa ao longo do tempo no seminário: se é coerente com o desejo de ser padre, ou não; se o comportamento e as atitudes expressam aquilo que o jovem diz querer ser. O discernimento deve ser feito sempre no diálogo, na confrontação, na observação. para poder ser orientada adequadamente e que seja feito um discernimento adequado. Condição para um adequado discernimento e orientação é que o diálogo seja verdadeiro e a pessoa seja sincera.

HOJE, MUITOS JOVENS SÃO ATRAÍDOS PELA BATINA. O SENHOR USOU BATINA?

Não usei; só depois de bispo passei a usar para algumas ocasiões.

Mas como responder a esses jovens que, muitas vezes, pautam o discernimento vocacional apenas a partir do ponto de vista da exterioridade?

Hoje, até os coroinhas usam batina... Eu até estranho quando vejo os meninos e meninas usando batina e sobrepeliz e cerimoniando em torno do altar. Mas vejo que o fazem com naturalidade e se sentem dignificados na função que exercem. No meu tempo de seminarista maior, ninguém usava batina. Fui ordenado padre em 1976, portanto, num contexto de quebra de paradigmas, uma vez que, antes do Concílio, o padre era identificado pela batina. No meu tempo de seminário havia o desejo de romper com essa identificação do padre com a batina, por razões diversas. É compreensível para aquela época. Porém, vejo que, de algum tempo para cá, jovens, adolescentes e adultos gostam, de novo, de usar batina. Tudo tem o seu tempo.

Naturalmente, é importante discernir sobre as motivações para isso. Não penso que seja o caso de reprimir, mas de assumir parâmetros adequados. No seminário de São Paulo, estabelecemos que os seminaristas podem começar a usar vestes clericais a partir do momento em que, formalmente, são admitidos como candidatos às ordens sacras. Isso acontece no terceiro ano de Teologia. A partir daí, podem usar *clergyman*[6], ou se alguém quiser, também a batina. Normalmente, usam batina apenas quando estão nas funções litúrgicas.

Isso foi aceito serenamente: para usar batina, precisa ser clérigo. De fato, a Igreja nunca aboliu a veste clerical. Naturalmente, ela facilitou as coisas e, em vez de usar batina, pode-se

6 Camisa clerical com colarinho eclesiástico que se popularizou entre os clérigos católicos após o Concílio Vaticano II.

usar o *clergyman* como veste clerical. Contudo, não é proibido que o clérigo use a batina.

TEOLOGIA DA LIBERTAÇÃO

O SENHOR FOI ORDENADO SACERDOTE NUM CONTEXTO ECLESIAL E SOCIAL MUITO ESPECÍFICO, COM O CRESCIMENTO DA CHAMADA TEOLOGIA DA LIBERTAÇÃO. ISSO IMPACTOU NO INÍCIO DO SEU MINISTÉRIO?

Em Toledo, uma diocese interiorana e pacata, a Teologia da Libertação não teve grande incidência. Ela ajudou a abrir os olhos para a caridade social, o ensino social da Igreja e para as situações de injustiça e sofrimentos do povo.

A Teologia da Libertação se desenvolveu a partir dos anos 1970, quando eu era estudante de Teologia em Curitiba. No âmbito acadêmico começava a ser falada e todos queriam saber do que se tratava. Mas não teve grande expressão no meu tempo de estudos. Curitiba não estava no foco dos grandes movimentos de protesto contra o regime militar e pela volta à ordem democrática. Isso aconteceu muito mais em São Paulo, Rio, Belo Horizonte, Salvador, Recife e outra grandes capitais.

Portanto, o meu tempo de estudos foi um período bastante tranquilo. Depois, pouco a pouco, já no final dos anos 1970, a tensão alcançou também o clero e a vida da Igreja, e a teologia da libertação, com a tendência para a exercer o sacerdócio mais numa dimensão social, chegou a toda parte no Brasil.

O SENHOR SE IDENTIFICOU ALGUMA VEZ COM ESSA CORRENTE?

Eu tive curiosidade de saber o que era a Teologia da Libertação e o que se propunha. Quando fui estudar Teologia em Roma, conversei com meu Bispo, Dom Geraldo Majella Agnelo[7], que já vinha de outra experiência como Diretor da Faculdade de Teologia Nossa Senhora da Assunção, em São Paulo e onde, nos anos 1970, havia um clima mais quente da influência da Teologia da Libertação. Falando com ele sobre o rumo dos meus estudos de pós-graduação em teologia, ele me disse que se tratava de um movimento teológico com o seu momento próprio. Entendi que esse momento passaria e que deveria voltar meus estudos para uma base teológica mais perene, que desse um lastro de boa formação acadêmica e atravessasse as gerações e as crises.

Assim enveredei no mestrado de Teologia, na Pontifícia Universidade Gregoriana, no campo da Cristologia, por onde também, depois, fiz meu doutorado. Sempre tive um olhar mais crítico em relação à Teologia da Libertação, embora reconheça que ela desempenhou um papel importante no conjunto da reflexão teológica e ajudou a valorizar mais o ensino social da Igreja e a levar mais a sério a dimensão social da evangelização. O Concílio, na Constituição pastoral *Gaudium et Spes*, sobre a presença da Igreja no mundo atual, estimulou essa presença e atuação, especialmente nas situações de sofrimento, pobreza, opressão e lesão da dignidade humana. Aos poucos, fomos nos dando conta que as implicações da fé e da moral

7 O Cardeal Geraldo Majella Agnelo (1933-2023) foi o 2º Bispo de Toledo (PR), Arcebispo de Londrina (PR) e Arcebispo de Salvador (BA). Também foi Secretário da Congregação para o Culto Divino e a Disciplina dos Sacramentos, da Santa Sé, e Presidente da CNBB.

cristã na vida social não são bandeiras exclusivas da Teologia da Libertação, mas da genuína missão da Igreja. Tudo isso é coerente com o Evangelho e está presente no ensino social e moral da Igreja.

O tempo passou e, hoje, a Teologia da Libertação é criticada por muitos que a associam, por exemplo, ao comunismo - Como se explica isso?

Muitos falam da Teologia da Libertação sem terem lido um livro, sequer, dessa teologia e sem conhecer suas teses. Isso acontece muito por preconceito. Ela foi identificada por muitos como movimento marxista e comunista, o que é equivocado.

Havia falhas na Teologia da Libertação e isso foi apontado pelo Magistério da Igreja. Alguns autores da Teologia da Libertação e, ainda mais, alguns divulgadores dela, seguiram a tendência de usar os pressupostos filosóficos marxistas ou sociológicos como base do pensamento teológico, sem colocar os pressupostos teológicos e os fundamentos da fé, o que, claramente, estava errado. Isso foi um ponto fraco na Teologia da Libertação e a levou a receber muita crítica. Mas não eram todos os teólogos da libertação que faziam isso. Havia teólogos consistentes, que tinham uma reflexão teológica bem fundamentada na Palavra de Deus, na Tradição da Igreja e na Patrística. O Papa João Paulo II chegou a afirmar que uma boa Teologia da Libertação era necessária.

Não se pode descartar tudo, como se nada prestasse na Teologia da Libertação. Penso que se deve reconhecer à Teologia da Libertação o fato de ter ajudado a comunidade da Igreja e a reflexão teológica a ter maior atenção às implicações sociais da fé e da moral. Nós não podemos dissociar a nossa fé da vida comunitária, das nossas responsabilidades sociais e, sobretudo, das situações do mundo que precisam ser redimidas de suas opressões e injustiças. O anúncio cristão, para ser fiel, precisa ser também libertador e levar à experiência da alegria da redenção também já nesta vida, mediante a valorização da pessoa e de sua dignidade, bem como o respeito aos seus legítimos direitos.

Ela, então, se dissolveu ou ainda ela está presente?

Ela ainda existe. Mas penso que hoje ela está bem mais recolhida do que já foi no passado. Já não há produção e publicações de obras consistentes nessa tendência teológica nos últimos anos.

ROMA

O senhor mencionou seus estudos em Roma. Como foi essa caminhada?

Estudei em Roma de outubro de 1982 até fevereiro de 1985, fazendo o mestrado e dando início ao doutorado em Teologia na Pontifícia Universidade Gregoriana. No início dos anos 1980, havia ali uma atividade acadêmica intensa, com grandes professores e teólogos do Concílio, que ainda estavam ativos e publicavam obras teológicas importantes. Para mim, valeu muito.

Em cinco semestres, terminei o mestrado e encaminhei o doutorado. Em seguida retornei ao Brasil, pois o bispo me chamava para outras atividades. No final de 1988, retornei a Roma para continuar e concluir o doutorado sobre um argumento de Cristologia bíblico-teológica.

O doutorado foi uma experiência diferente, com dedicação integral aos estudos, pesquisa e conversa com o orientador. Foram muitas horas de biblioteca, leitura e atenção a tudo aquilo que pudesse ser interessante para o desenvolvimento do argumento. O trabalho para o doutorado é uma experiência de amadurecimento acadêmico e humano. No final, o que se produziu é apresentado diante de uma banca de professores, que examinam e avaliam, antes de aprovar, ou não.

De fato, é uma produção que parte do pesquisador e requer grande esforço. Graças a Deus, tive um bom orientador. Eu morava no Pontifício Colégio Pio Brasileiro, onde havia uma boa biblioteca, mas também frequentava bastante a biblioteca da Universidade. Pesquisei, sobretudo, na produção de um teólogo biblista suíço, que publicou em alemão e em francês. Assim acabei indo também às Universidades de Tübingen, no sul da Alemanha, e de Zurique, na Suíça, onde ele lecionou, em busca de material de pesquisa.

Qual foi o tema da sua tese?

A tese de doutorado foi trabalhada na área de Cristologia, em base aos escritos de Eduard Schweitzer[8], um biblista suíço que escreveu muito sobre a Cristologia mais antiga do

8 Eduard Schweizer (1913–2006) lecionou na Universidade de Zurique, onde foi reitor de 1964 a 1966; também presidiu o *Studiorum Novi Testamenti Societas*, em 1969.

Novo Testamento: como os evangelistas interpretaram Jesus Cristo?

A minha pesquisa foi sobre a identificação de Jesus com a figura do justo sofredor e resgatado por Deus. Essa figura teológica aparece no Antigo Testamento, sobretudo nos Salmos, mas também em outros textos bíblicos. Aparece no Evangelho de São Marcos, nos Atos dos Apóstolos e na primeira Carta de São Pedro. Essa figura teológica ajudou a elaborar uma primeira interpretação sobre a identidade de Jesus.

É claro, não se trata do único modo de interpretar Jesus no Novo Testamento, mas é um dos mais primitivos. Nos primeiros discursos de Pedro ao povo ele diz: "vocês entregaram o justo e o santo, mas Deus o ressuscitou e o fez aparecer vivo e glorificado, para saberem todos que ele foi escolhido por Deus, que Deus estava com ele"(At 3,14-18). Esse argumento me fez ler muito para ampliar os estudos.

Correu tudo bem na defesa da tese?

Defendi a tese no dia 28 de janeiro de 1991, na comemoração de São Tomás de Aquino. Foi tudo bem, mas houve um fato imprevisto, sabe-se lá, por quais vias da Providência divina. Na ocasião da defesa da tese encontrava-se em Roma o Cardeal Paulo Evaristo Arns, então Arcebispo de São Paulo, hospedado no Pontifício Colégio Pio Brasileiro. Ele visitava os padres estudantes de São Paulo que estavam no Colégio e viu no quadro de avisos o convite para a minha defesa de tese. E decidiu que queria assistir ao ato acadêmico. A notícia da presença do cardeal de São Paulo na defesa da tese gerou certo alvoroço na Gregoriana; no último momento, mudaram o moderador da banca, e esse papel foi assumido pelo próprio

Decano da Faculdade de Teologia. Ele, de fato, nem tinha lido a tese.

Dom Paulo assistiu à sessão, depois me saudou e quis conhecer alguns detalhes do trabalho realizado. Fui bem na defesa, mas, naturalmente, aquilo deixou maior tensão no ambiente, quer para mim, quer para os professores, porque não é usual que um cardeal apareça numa defesa de tese.

UMA FELIZ COINCIDÊNCIA.

Pois é. Isso foi em 1991. Em 2002, ou seja, 11 anos depois, o Papa me nomeou bispo auxiliar de São Paulo e, em 2007, fui nomeado Arcebispo de São Paulo, sucessor do Cardeal Arns. Até ser nomeado bispo, em 2001, a minha relação com São Paulo era praticamente nenhuma, pois pertencia ao clero da diocese de Toledo, no Paraná, e tinha vindo pouquíssimas vezes a São Paulo. Uma tia de meu pai era freira no Hospital Santa Catarina e vim visitá-la depois da minha ordenação sacerdotal. Ela era a madrinha de oração e fez muita questão da visita do neo-sacerdote.

AINDA SOBRE O PERÍODO EM ROMA, COMO ERA VIVER DISTANTE DE CASA NAQUELA ÉPOCA, QUANDO NÃO HAVIA OS RECURSOS DE COMUNICAÇÃO QUE EXISTEM HOJE?

Hoje, eu me pergunto: "Como foi possível viver desconectado?" Para fazer um telefonema de Roma ao Brasil, no início dos anos 1980, era preciso pedir a ligação através da telefonista, que, então, tentava, através da telefonista no Brasil, conectar com a pessoa que se quisesse chamar. Isso podia levar horas e custava muito caro. Logo depois, chegaram novas modalidades de comunicação, como a DDI (Discagem Direta Internacional). No início dos anos 1980, ainda não havia o fax, tampouco o celular. Eu escrevia muitas cartas e tinha enorme alegria ao receber alguma correspondência. A portaria do Colégio, onde chegava a entrega dos Correios, era o lugar mais frequentado da casa. Todos ficavam ansiosos por receber uma carta do Brasil.

Realmente, naquela época, estar no exterior fazia sentir-se longe, num mundo diverso e não havia por onde escapar. Isso está muito mudado em nossos dias e a comunicação por vários meios proporcionados pela Internet pode ser constante e a custo muito baixo. Isso pode ter a desvantagem de dificultar ou atrasar a real inserção na cultura local e ao aprendizado da língua local, uma vez que se permanece ainda ligado ao próprio ambiente cultural.

Longe da família...

Fiquei dois anos e meio longe da família, mas também dos colegas padres, do povo da diocese de origem. Não voltei ao Brasil durante esse período. As passagens aéreas eram muito mais caras em relação ao que custam hoje. Não havia a facilidade de viajar, como se tem hoje. Isso favoreceu a imersão numa outra cultura, com o aprendizado da língua local e o apreço pelos bens daquela outra cultura.

Era preciso aprender a língua o mais rápido possível. Eu aproveitei as aulas na Universidade para aprender o italiano. As aulas, geralmente, eram em italiano, eu ouvia e anotava. Aprendi isso do meu professor de francês, no seminário menor.

Ele iniciava sempre com um *dictée*, ditado. Ele lia, você tinha que ouvir e escrever, apurando o ouvido para a pronúncia, a compreensão dos vocábulos e a construção da frase. Isso é um exercício muito bom para aprender uma língua. Rapidamente eu aprendi o italiano, para, então, acompanhar bem as aulas.

No primeiro Natal em Roma, eu já recebi um convite para ajudar numa paróquia na Alemanha. Eu tinha conhecimentos de alemão, criei coragem e fui. Foi uma primeira imersão, que me fez ver que precisava aprender muito mais. Foi o que fiz durante as férias de verão, frequentando um bom curso de alemão, para aperfeiçoar o idioma.

NAQUELA ÉPOCA, MUITOS SACERDOTES ESTUDANTES EM ROMA, NO PERÍODO DAS FÉRIAS DO VERÃO, NÃO VOLTAVAM PARA O BRASIL, MAS IAM PARA OUTROS PAÍSES TRABALHAR. O SENHOR CHEGOU A FAZER ISSO?

De fato, num período de verão, eu trabalhei numa fábrica Mercedes-Benz, no sul da Alemanha, como faziam muitos outros estudantes brasileiros e latino-americanos. Os dois grupos mais numerosos eram os brasileiros e os mexicanos. Nós chegávamos a ser mais de 300 estudantes latino-americanos só nessa fábrica e substituíamos operários locais em férias.

Havia uma bela organização local de famílias, que facilitavam isso, organizando antecipadamente os documentos necessários, as vagas disponíveis e as famílias hospedeiras, que acolhiam os estudantes durante o período de trabalho nas férias. Geralmente, o trabalho era para dois meses. Havia encontros e festas nos finais de semana, reunindo as famílias hospedeiras e os padres e estudantes, brasileiros e latino-americanos. Era um intercâmbio bem interessante.

Isso já vinha de mais longe, dos anos 1950, quando houve um convênio entre a Santa Sé e algumas empresas para esse tipo de iniciativa. Um dos objetivos era oferecer a oportunidade aos estudantes para ganharem algum dinheiro e pagar seus livros e outras despesas no tempo de estudos em Roma. Muitos também aprendiam a língua alemã.

Isso foi muito bom e fiquei hospedado com uma família, que se tornou muito amiga e com a qual até hoje mantenho contato. O casal era recém-aposentado, ele da Mercedes e ela da IBM. Eles já faleceram. Mas mantenho contato com seus dois filhos, que estão casados e já têm até netos. São experiências que nos acompanham por toda vida.

Aos domingos, celebrávamos nas paróquias locais. No verão seguinte (1984), o pároco local quis fazer suas férias e me pediu para substitui-lo durante a sua ausência. Assim, não voltei à fábrica naquele verão.

No período entre o mestrado e o doutorado, que missão o senhor realizou no Brasil?

Meu bispo me pediu para assumir uma paróquia e me nomeou vigário paroquial e, em seguida, pároco da Catedral de Toledo, onde fiquei por três anos. Ao mesmo tempo, eu dava aulas no seminário e ajudava na formação sacerdotal. Nesse período, no âmbito das dioceses do Paraná, pediram-me para ser coordenador da Pastoral Vocacional do Regional Sul 2 da CNBB e coordenador da Comissão de Presbíteros do Paraná.

COMO FOI ESSE PERÍODO COMO PÁROCO EM TOLEDO?

Foi uma experiência nova, pois eu ainda não tinha sido pároco. Percebi a amplidão dos trabalhos na paróquia. Mesmo não tendo responsabilidade direta sobre nenhuma pessoa, o pároco tem a responsabilidade pastoral de animar, conduzir e dar conta da missão de toda uma paróquia nas diversas dimensões. Foi um período muito valioso para mim, em que tive muito mais contato com o povo, com as lideranças, das quais sempre recebi muita colaboração.

A missão de pároco requer muita proximidade e identificação com o povo da paróquia e com as situações e necessidades do povo. Em outras palavras, ele precisa amar o povo.

E COMO ERA A SUA LIGAÇÃO COM OS SEUS BISPOS?

Sempre foi muito boa. Antes de ser padre, meu bispo foi um só: Dom Armando Cirio, missionário italiano dos Josefinos de Asti. Depois de minha ordenação sacerdotal, ele foi nomeado arcebispo de Cascavel. O segundo bispo de Toledo foi Dom Geraldo Majella Agnelo, do clero de São Paulo. Era Diretor da Faculdade de Teologia Nossa Senhora da Assunção e foi ordenado bispo pelo Cardeal Paulo Evaristo Arns, na Catedral de São Paulo, no mesmo dia em que faleceu o papa Paulo VI. Ficou pouco tempo em Toledo, sendo nomeado arcebispo de Londrina. Logo veio o terceiro, Dom Lúcio Baumgartner, originário do clero de Caxias do Sul. No início da diocese de Toledo, a diocese de Caxias do Sul tinha socorrido a nova diocese com alguns padres;

agora, era de lá que chegava o terceiro bispo da diocese de Toledo. Ele foi o último bispo com quem trabalhei em Toledo, porque, em 1994, fui trabalhar em Roma e quando regressei ao Brasil, já foi para ser Bispo Auxiliar de São Paulo. Aprendi muito com meus bispos, que foram verdadeiros pastores, cada um a seu modo.

Qual é o segredo para um padre estar em sintonia com seu bispo?

Em primeiro lugar, ter um olhar de fé em relação ao bispo e considerar quem é o bispo e quem somos nós. O padre é "colaborador da ordem episcopal" e, por isso, precisa cultivar a sintonia com o bispo para que o seu próprio sacerdócio tenha sentido. De fato, o exercício do ministério do padre acontece na comunhão com o bispo e com os outros padres do presbitério. Os padres não exercem o ministério sem estarem em comunhão com seu bispo. Eles são, como diz o texto da liturgia da ordenação, os colaboradores necessários e importantes do bispo no cumprimento da sua missão, enquanto pai e pastor da sua diocese. Mas também o bispo não age sozinho. Ele conta com o seu clero para desempenhar a sua missão e levar avante a missão da Igreja.

Eu sempre valorizei muito a comunhão com o bispo e com o presbitério. Não faz sentido o padre se isolar do seu bispo, como não faz sentido ele se isolar dos outros padres. Graças a Deus, aprendi isso dos bispos que tive.

Isso até voltar a Roma para a conclusão do doutorado... e depois disso?

Voltei a Roma em setembro de 1988, para retomar os estudos e levar avante o projeto de doutorado, que consegui concluir em janeiro de 1991, na Pontifícia Universidade Gregoriana.

De volta ao Brasil, para a diocese de Toledo, os bispos da província eclesiástica de Cascavel, no Oeste do Paraná, me encarregaram de iniciar um seminário de Teologia e o Instituto de Teologia para os seminaristas dessas dioceses, em Cascavel.

Por dois anos, fiquei praticamente sozinho no seminário, sendo ajudado por outro padre, que cuidava mais da parte administrativa do seminário e do Instituto. Minha parte era acompanhar os alunos e organizar o Instituto de Teologia. Foram anos de muita criatividade e dinamismo. O número de estudantes ainda era bastante reduzido, mas havia perspectivas de aumento. As dioceses tinham perspectivas para terem mais estudantes em poucos anos.

Para organizar o curso de Teologia valeu-me o conhecimento de muitos professores no Brasil, que eu tinha conhecido durante meu tempo de estudos em Roma. Assim, contei com professores de vários Estados para as aulas de Teologia. Foi um início bom do curso de Teologia de Cascavel. Organizamos uma biblioteca razoável em pouco tempo e estruturamos o currículo de estudos.

No terceiro ano do Instituto, chegou de Roma, com o doutorado concluído em Teologia Bíblica, o Pe. José Antônio Peruzzo[9]. A partir de então, éramos três diante do Seminário e do Instituto. Ele assumiu mais propriamente a condução do

9 Atual Arcebispo de Curitiba (PR), que, então, era sacerdote do clero de Cascavel (PR).

seminário, como reitor e formador, e eu fiquei como diretor do Instituto de Teologia, cuidando da parte acadêmica. O número de professores formados disponíveis foi aumentado bem e, aos poucos, foi ficando mais fácil e o curso ficou bem estruturado.

VATICANO

Então começa uma nova etapa da sua vida, novamente em Roma?

No final de novembro de 1993, meu bispo me chamou e disse: "Estão querendo você lá em Roma". Ele havia recebido um comunicado da Santa Sé, pedindo para que eu fosse até Campinas, para encontrar o Cardeal Gantin[10], então prefeito da Congregação para os Bispos. Ele se encontrava momentaneamente em Campinas para a inauguração de uma Igreja que o Cardeal Agnelo Rossi[11] tinha feito construir em Indaiatuba, em honra de Nossa Senhora de Guadalupe. Nessa Igreja, encontra-se atualmente o túmulo do Cardeal Rossi.

Fui para Campinas para encontrar o Cardeal Gantin, sem ainda entender bem o que estava se passando, o que me esperava. Sorte que isso aconteceu no início de dezembro,

---

10 O Cardeal Bernardin Gantin (1922-2008) é natural do Benin e, além de ter sido Prefeito da Congregação para os Bispos (1984-1998), exerceu outros cargos na Cúria Romana.

11 O Cardeal Agnelo Rossi (1913-1995) foi o 4º arcebispo de São Paulo, de 1964 a 1970, quando foi transferido para Roma, onde exerceu os cargos de Prefeito da Congregação para a Evangelização dos Povos (1970-1984) e Presidente da Administração do Patrimônio da Sé Apostólica (1984-1989).

quando as atividades do seminário e do Instituto de Teologia já tinham sido encerradas. O Cardeal Gantin me fez o convite para ajudar na Congregação para os Bispos, que estava com falta de um colaborador de língua portuguesa. E já queria me levar consigo no seu retorno a Roma. Eu pedi um tempo para refletir e falar com meu bispo e voltei a Toledo. Dom Lúcio também ficou surpreso e preocupou-se com a direção do Instituto de Teologia. Mas resignou-se e disse serenamente: "Vai, pois é para o bem da Igreja. Não se deve negar um pedido da Santa Sé". Então, em janeiro de 1994, fui para Roma e comecei a trabalhar imediatamente na Congregação para os Bispos – hoje, Dicastério para os Bispos.

O SENHOR IDENTIFICOU QUEM FOI QUE O INDICOU PARA ESSE CARGO?

Nunca soube com certeza. Mas, é claro, alguém me conhecia e me indicou.

ENTÃO, COMEÇA UMA NOVA FASE DA SUA HISTÓRIA NA CIDADE ETERNA.

Era um capítulo totalmente novo e inesperado na minha vida. Nunca tinha imaginado trabalhar na Cúria Romana. Quando entrei, foi me explicado o tipo de trabalho, feito num ambiente com uns 15 outros colaboradores internos. O nosso serviço na Congregação era colaborar para que as questões enviadas ao Dicastério fossem para a frente e chegassem a ser examinadas pela reunião plenária da Congregação, composta de cerca de 25 cardeais e bispos. A reunião acontecia duas vezes ao mês para examinar as diversas propostas de criação de dioceses, transferências e nomeações de bispos e outras questões, antes de serem submetidas à decisão do Papa. Havia muito serviço interno, a partir das questões enviadas pelas Nunciaturas Apostólicas dos diversos países. Nosso trabalho era organizado por setores linguísticos; no meu caso, era o da língua portuguesa.

Abrindo um parêntese, como se faz um bispo?

Tive de aprender logo como se faz um bispo. Antes, é preciso perguntar quando se faz um bispo? É quando falta um bispo. Quando uma diocese está precisando de um novo bispo, ou também quando um bispo de alguma diocese grande pede um bispo auxiliar.

O primeiro passo é a renúncia, a transferência ou o falecimento de um bispo, tornando-se vacante a sede episcopal; ou ainda, o pedido de um bispo auxiliar. Tudo isso tem que passar pela Santa Sé, que precisa estar ciente dos fatos, para autorizar os encaminhamentos para a nomeação do novo bispo. Quem é encarregado de fazer o trabalho é a Nunciatura Apostólica do país; ela faz as consultas sobre o estado da diocese e sobre os possíveis candidatos ao episcopado a ocupar a sede vacante. São consultados os bispos da província eclesiástica, ou mais amplamente, os bispos da Conferência Episcopal, se esta não for muito grande; no caso do Brasil, geralmente, são consultados também os bispos do respectivo Regional da CNBB. Mas também o clero da diocese que precisa de um bispo é consultado, sobretudo os membros do Colégio de Consultores.

A partir das consultas feitas, o Núncio Apostólico elabora um dossiê sobre a situação da diocese e apresenta uma terna de candidatos ao Dicastério para os Bispos, junto com o parecer dele. Tudo é encaminhado ao Dicastério para os Bispos, que começa um trabalho interno de análise das informações, conforme as prescrições do Direito Canônico, e de outras consultas internas. Finalmente, todo o material é submetido ao discernimento da reunião plenária. Um dos membros faz o papel de relator, que estuda o material de maneira mais aprofundada e o apresenta aos membros da plenária. Os outros membros da plenária votam e esse parecer da reunião plenária é levado ao Papa, para a sua decisão.

Voltando ao seu trabalho na Congregação...

Eu tive que aprender rapidamente a rotina do dia a dia, contando com a ajuda de algum bom anjo da guarda facilitador para descobrir o caminho das pedras. Havia muito companheirismo entre os colaboradores internos, que eram de uma dezena de países diferentes. O clima lá dentro era fraterno, de colaboração e boa convivência. Referíamo-nos, sobretudo, ao Secretário do Dicastério, a quem cabia coordenar o trabalho interno. O Prefeito do Dicastério é a referência maior, que assume a responsabilidade pelos encaminhamentos do Dicastério.

Já no primeiro ano, quando eu ainda estava me entrosando no trabalho, começaram as visitas *ad limina*[12] dos bispos do Brasil. Essas visitas são precedidas pelo envio dos relatórios quinquenais das dioceses para o Dicastério para os Bispos. Era uma quantidade grande de relatórios das dioceses e cabia a nós lê-los e apresentar a síntese das informações aos Superiores, que também as encaminhavam ao Papa, para ele ter essas

12 As visitas *Ad Limina Apostolorum* são encontros dos bispos de determinada nação ou região com o Papa e com vários organismos da Santa Sé, realizados, em geral, a cada cinco anos.

informações no seu diálogo com os bispos sobre a realidade das respectivas dioceses.

Era um trabalho intenso, que também me ajudou a conhecer as dioceses do Brasil inteiro. Eu li os relatórios quinquenais das dioceses do Brasil em dois turnos de visitas *ad limina* durante os 8 anos que servi a Igreja na Santa Sé. Cheguei a conhecer todos os bispos do Brasil, daquele período, pelos seus nomes. Hoje, passados mais de 20 anos desde que deixei aquele serviço na Santa Sé, já não conheço mais a maioria dos membros do nosso episcopado, que se renova constantemente. Era um trabalho interessante, às vezes pesado e monótono, mas também tinha suas alegrias. Em geral, o Prefeito do Dicastério tinha as audiências com o Papa nos sábados. Na segunda-feira sucessiva, ele voltava com as nomeações dos bispos, decididas pelo Papa. E aí seguiam as comunicações para as Nunciaturas e as sucessivas práticas, até que as nomeações eram publicadas.

Nesse período em Roma, o senhor também teve outras experiências além do trabalho na Cúria, certo?

Quando cheguei a Roma, morei por alguns meses no Colégio Pio Brasileiro, como hóspede, até que encontrei uma paróquia onde morar. O pároco, que tinha trabalhado no Brasil, na Baixada Fluminense, era da diocese de Mondovi, no norte da Itália, que enviava padres para ajudar as dioceses de Nova Iguaçu e Duque de Caxias. Esse pároco, no Trastevere, paróquia *Santi Patroni d'Italia*, procurava um padre brasileiro para ajudá-lo, sobretudo, nos fins de semana. Assim morei nessa paróquia por cinco anos. Todos os dias, na parte da tarde, eu ajudava na paróquia, atendia confissões e celebrava a Missa.

Foi uma experiência muito boa e aprendi a conhecer um pouco mais da cultura e da vida eclesial de Roma. Andando pelo centro histórico da cidade, veem-se muitas Igrejas bonitas, mas vazias. Mesmo aos domingos, há pouca gente, porque são tantas as Igrejas, umas perto das outras. No centro histórico não moram tantas pessoas. Mas a paróquia onde morei fica mais fora do centro histórico, num bairro bem popular, uma paróquia muito participativa. Para mim, foi uma revelação.

O pároco era dinâmico e procurava o contato com as famílias. Aos domingos, os padres iam almoçar na casa de algum paroquiano ou numa comunidade religiosa da área da paróquia. Através disso, tive a oportunidade de entrar em muitas casas de famílias romanas. Não era simplesmente para tomar a refeição, mas para entrar em contato com as pessoas. Aquilo me fez apreciar o estilo do povo romano, na sua multiplicidade de origens culturais e dialetos.

Voltou a estudar?

Era meu desejo manter-me em contato com as atividades acadêmicas. Assim, com a permissão dos superiores da Congregação, voltei à Gregoriana e me matriculei para o mestrado em Filosofia. Frequentava aulas pela manhã, duas vezes por semana e outras, à tarde. Assim, em três anos, consegui fazer o mestrado em Filosofia. Em seguida encaminhei o doutorado em Filosofia, mas com a nomeação episcopal, interrompi esse projeto acadêmico.

Esta fase de retorno à Gregoriana, durante o período de trabalho, foi uma experiência acadêmica bem interessante, depois de ter lecionado por diversos anos. A pesquisa que desenvolvi para o doutorado em Filosofia era bem motivadora.

Tratava-se de um argumento de ética social a partir da obra de um grande professor jesuíta de Frankfurt, Oswald von Nell-Breuning. Ele escreveu muito na linha da moral social, tendo como um dos fios condutores o princípio da solidariedade, como fundamento da vida social. Ele se destacou como pensador social desde a década de 1920, foi perseguido pelos nazistas e teve uma produção filosófica muito extensa no período posterior à segunda guerra mundial.

Durante a guerra, ele ficou recolhido em Roma, na Cúria Geral dos Jesuítas, onde foi responsável pela biblioteca, e continuou a produzir. Terminada a guerra, ele voltou para a Alemanha e deu assessoria importante à organização dos partidos e da economia no período pós-guerra, com o chanceler Konrad Adenauer[13]. O Pe. Nell-Breuning tornou-se conselheiro de políticos importantes e economistas; ele escreveu muito na linha de uma democracia social baseada em valores, em princípios de ética social, válidos para todos, mas que partiam dos princípios da antropologia e da moral cristã. Para ele, o princípio da solidariedade era basilar para a convivência social. Na minha pesquisa, eu segui esse filão, que também está muito presente na Doutrina Social da Igreja. Encontra-se na encíclica *Quadragesimo Anno*[14], do papa Pio XI, nas encíclicas sociais de S. João XXIII, S. Paulo VI, S. João Paulo II e, agora, também no magistério do Papa Francisco. Senti muito por não poder terminar a tese, pois já tinha reunido muito material de pesquisa.

---

13 Konrad Adenauer (1876-1967), foi um advogado e político alemão cristão-democrata, chanceler da República Federal da Alemanha (1949-1963) e presidente da União Democrata-Cristã.

14 Encíclica publicada pelo Papa Pio XI, em 1931, sobre a restauração e aperfeiçoamento da ordem social, em conformidade com a Lei Evangélica, no 40º aniversário da Encíclica *Rerum Novarum*, de Leão XIII.

Qual era o nome desse jesuíta?

Pe. Oswald von Nell-Breuning, professor na Faculdade de Filosofia e Teologia *Sankt Georgen* dos jesuítas, em Frankfurt. Ele escreveu até quase 100 anos de idade e faleceu com 101 anos completos.

JOÃO PAULO II E O GRANDE JUBILEU

Nesse período o senhor também vivenciou a preparação e a celebração do Grande Jubileu do ano 2000. Como foi testemunhar esse momento forte da vida da Igreja universal?

Estive em Roma na virada do milênio e vivi intensamente aqueles momentos. Lembro do gesto solene do Papa São João Paulo II, abrindo a Porta Santa da Basílica de São Pedro e, depois, das muitas belas celebrações do Jubileu. Guardo fortes recordações da Jornada Mundial da Juventude, de Roma, em agosto de 2000. Meu trabalho, perto da Praça São Pedro, me dava a possibilidade de observar a movimentação na grande praça e na entrada da Basílica de São Pedro. Era uma peregrinação infindável de jovens do mundo todo, no calor de agosto, cantando e rezando com entusiasmo. Os bombeiros jogavam água para refrescar o calor.

Na entrada da Basílica de São Pedro, antes da Porta Santa, havia dois grandes vasos com oliveiras antigas, troncos grossos, talvez milenares, mas brotadas e com frutos. O simbolismo daquelas duas oliveiras era muito bonito. Representavam os dois apóstolos, Pedro e Paulo, cujo testemunho de fé continua a suscitar a fé em muitos jovens ao longo do tempo. A fé de Pedro e Paulo estava viva nos jovens, na nova geração, e seguia produzindo frutos. Muitos jovens estavam comovidos, fazendo aquela peregrinação à grande Basílica e atravessando a Porta Santa, não se importando com o sacrifício e o calor. Depois, à noite, houve a vigília da Jornada na Universidade Tor Vergata. Que bonita foi aquela festa do Papa com os jovens. Lembro que um jovem argentino furou o esquema da vigilância e pulou no palco, jogou-se nos braços do Papa, que o acolheu e deu um longo abraço. Um guarda queria retirá-lo, mas o Papa fez sinal para deixar o jovem ali.

João Paulo II. Quem foi esse Pontífice para Igreja?

Foi um grande Papa, indubitavelmente. Um Papa do momento, que tinha um vigor impressionante de personalidade, força de expressão, até teatral, porque, quando jovem, ele fez teatro amador na universidade onde estudou. Ele sabia se comunicar e situar na cena, dialogar e cativar as multidões. Era impressionante o vigor dos seus discursos. Estávamos ainda em plena Guerra Fria, em cujo contexto houve a tentativa de assassinar o Papa. Mas foi o vigor moral do Papa que contribuiu para a queda do muro de Berlim e da cortina de ferro. Como polonês, ele viveu as opressões do totalitarismo marxista em primeira pessoa. Quando a União Soviética ameaçou invadir a Polônia, o Papa sofreu muito. Depois da grande virada no final dos anos 1980, quando os países do bloco soviético reconquistaram a sua liberdade, houve um período de maior distensão.

O atentado contra o Papa na Praça de São Pedro nunca ficou oficialmente esclarecido. Quem foi o mandante? Ficaram no ar as suspeitas sobre as motivações dos disparos. São João Paulo II foi um grande pastor, um Papa missionário, que foi ao encontro de todos os povos, de todas as realidades, e isso trouxe um ânimo novo para a Igreja, que estava muito necessitada disso. Ele também deu um impulso à continuidade da vivência do Concílio numa linha segura. Quando foi eleito, e já no final do pontificado de São Paulo VI, havia muita desorientação na interpretação do Vaticano II. Ele tinha participado do Concílio, integrando inclusive a comissão de redação da Constituição Pastoral *Gaudium et Spes*.

Considero que ele foi o Papa providencial para aquele momento, e sua morte deu expressão àquilo que ele significou, não só para a Igreja, mas também para a humanidade. Basta recordar quantas autoridades e chefes de Estado estiveram presentes no seu funeral, mostrando seu apreço pelo Papa. Foi o reconhecimento do que ele significou para o mundo. Sinceramente, não sabemos como as coisas poderiam ter sido se não tivéssemos um Pontífice como João Paulo II naqueles anos. Talvez a situação do mundo teria se encaminhado diversamente, sem a sua liderança lúcida e decidida, sua referência para todos: chefes de Estado, políticos e, claro, para a Igreja.

CNBB

VOLTANDO AO INÍCIO DO EPISCOPADO, DE REPENTE, LHE CONFIAM A MISSÃO DE SECRETÁRIO-GERAL DA CNBB.

Eu tinha apenas um ano e três meses de bispo, quando a assembleia geral da CNBB, em abril de 2003, escolheu a sua nova presidência: o cardeal Geraldo Majella Agnelo como Presidente; Dom Antônio Celso de Queiroz como Vice-Presidente e eu, como Secretário-Geral.

Foi um novo susto! Mas com Dom Geraldo como Presidente, eu me sentia seguro. De fato, nos quatro anos que estivemos à frente da CNBB, o trio da presidência trabalhou muito unido. O Secretário-Geral, é aquele que responde pela administração do dia a dia da CNBB e precisa estar em Brasília. Isso era bastante exigente, mas Dom Geraldo e Dom Celso me deram sempre todo o apoio para o trabalho. Eu era bispo há pouco tempo e ainda inexperiente em relação a uma série de questões.

Ajudou-me o fato de, como padre e representante do clero do Paraná, ter participado de três assembleias gerais da CNBB, em Itaici. Portanto, um pouco sa CNBB eu conhecia. E também conhecia a quase totalidade dos bispos daquela época.

Como definir a CNBB?

É a Conferência dos Bispos, uma expressão importante de comunhão, colegialidade e de corresponsabilidade episcopal na Igreja. Hoje poderíamos dizer que é uma expressão importante de sinodalidade da Igreja. Cada bispo é responsável pessoal e diretamente pela sua diocese, juntamente com seu clero. E os bispos juntos são responsáveis pela condução mais ampla da Igreja de todo um país ou de toda uma região. Para isso existem as Conferências Episcopais. Mas é preciso dizer que a Conferência Episcopal não interfere na vida interna das dioceses.

Os bispos são plenamente pastores das suas dioceses e responsáveis por elas juntamente com o seu presbitério. A CNBB oferece uma experiência fantástica de colegialidade, corresponsabilidade e fraternidade episcopal. Isso sempre me edificou muito. Ainda como jovem padre, via que os bispos, às vezes, nas reuniões plenárias, faziam discussões acaloradas, manifestavam suas convicções de maneira clara e objetiva sobre aquilo que era preciso refletir e discernir, mas depois estavam juntos à mesa, conversavam fraternalmente e celebravam juntos.

Por vezes, na opinião pública, gosta-se de apresentar a CNBB dividida e os bispos em luta de direita contra esquerda. Porém, a CNBB não é assim. Os bispos têm opiniões diferentes sobre muitos assuntos e os expõem com liberdade. Isso é legítimo e, finalmente, todos trabalham, discutem e decidiam em função da missão da Igreja, que lhes foi confiada.

O que sente quando falam mal da CNBB, usando adjetivos e títulos que não correspondem a ela?

Críticas são sempre possíveis e, por vezes, necessárias. Mas sinto muita tristeza quando se falta com a verdade nessas críticas que, na maioria das vezes, partem de preconceitos e de uma compreensão equivocada da natureza e função da CNBB. Não é justo e é ofensivo desmoralizar uma instituição, por mero preconceito. Fazer comentários ou julgamentos, espalhar mentiras contra pessoas ou instituições, acaba sendo sempre uma grande injustiça.

Cardeal Odilo Scherer preside Missa campal de Corpus Christi com clero e fiéis da Arquidiocese de São Paulo, na Praça da Sé, em 2015.

V

O ARCEBISPO E CARDEAL

ARCEBISPO

Enquanto o senhor estava no cargo de secretário-geral da CNBB, permanecia bispo auxiliar de São Paulo. Então, Dom Cláudio foi nomeado prefeito da Congregação para o Clero em Roma. Passava pela sua cabeça que poderia, um dia, se tornar o sucessor do Cardeal Hummes?

Não! Mas, pouco antes da minha nomeação, comecei a perceber que havia alguma movimentação nesse sentido. Mas não me preocupei, nem acreditei, porque eu era bispo muito novo ainda, com 5 anos de episcopado; e havia grandes figuras no episcopado que despontavam como candidatos para São Paulo. Não passava realmente pela minha cabeça que eu pudesse vir a suceder a Dom Cláudio.

PORÉM, ESSE RUMOR CHEGOU AO SENHOR COMO UMA VERDADE E O QUE ACONTECEU?

A ficha caiu, ao receber o chamado do Núncio Apostólico, que me comunicava a escolha do Papa Bento XVI. Na hora, estremeci e levei um susto, mas depois, coloquei a vida nas mãos de Deus. A gente está a serviço na Igreja, seja qual for o serviço. Não tinha ilusões sobre a grande responsabilidade que me era entregue. Seria muita pretensão, achar que estamos preparados para dar conta de tudo a partir das próprias capacidades. É preciso confiar cada dia na graça de Deus, pôr a mão na mão de Deus e seguir em frente. Como diz o ditado popular: Deus manda o cobertor, conforme o frio que se enfrenta.

Realmente, pensar assim me deixava bastante livre. Não foi uma escolha minha, eu não pretendi ser arcebispo de São Paulo. Fui chamado e nomeado por quem representava a Igreja. Aceitei, assumi e faço o que está no meu alcance, confiando na graça de Deus. Tive sempre essa mesma atitude, também diante de outros encargos e missões recebidas.

FOI O NÚNCIO QUE COMUNICOU O SENHOR?

Foi Dom Lorenzo Baldisseri[19], Núncio Apostólico à época. Isso foi em meados de março de 2007, quando eu estava terminando o meu mandato de Secretário-Geral da CNBB. A Arquidiocese de São Paulo estava se preparando para a visita do Papa Bento XVI, que deveria chegar no dia 9 de maio.

19 Dom Lorenzo Baldisseri foi núncio apostólico no Brasil de 2002 a 2012 e, atualmente, é cardeal e secretário emérito do Sínodo dos Bispos.

Por isso, havia a pressa para que São Paulo tivesse um arcebispo para receber o Santo Padre.

A nomeação foi publicada em 21 de março e havia pressa para a tomada de posse. A posse em São Paulo aconteceu no dia 29 de abril, pouco mais de um mês depois da nomeação. Como eu ainda era Secretário-Geral e a Assembleia Geral estava para iniciar, fui a Itaici já no dia 30 de abril. A Assembleia era eletiva e me cabia conduzir os trabalhos. Foram nove dias de Assembleia, com a eleição de uma nova presidência.

Apenas terminados os trabalhos, voltei às pressas a São Paulo, no dia 9 de maio. O avião que trazia o Papa Bento XVI já estava para chegar. De fato, ao chegar no aeroporto de Guarulhos, o avião da Alitalia já estava na pista. Tendo passado apenas um dia na Arquidiocese de São Paulo, como arcebispo, já tinha que acolher o Papa e ser seu anfitrião, enquanto ele estivesse em São Paulo.

Mas a Arquidiocese estava sendo conduzida bem por Dom Manuel Parrado Carral[20], como Administrador Apostólico. Ele tinha preparado bem a minha posse e a visita do Papa. Só precisei entrar no programa já preparado. Como Secretário Geral da CNBB, eu também tinha acompanhado a organização do programa da visita do Papa Bento XVI, a partir de Brasília, pelos contatos e gestões com o Itamaraty, a Nunciatura e a Polícia Federal.

No dia 11 de maio, houve a canonização de Frei Antônio de Santana Galvão, no Campo de Marte, e o encontro dos bispos brasileiros com o Papa na Catedral de São Paulo. Todos esses momentos precisaram ser milimetricamente programados e aprovados, em vista do controle da Segurança. Tudo isso foi gerenciado a partir de Brasília.

20 Dom Manuel Parrado Carral, atual Bispo Emérito e São Miguel Paulista, foi Bispo Auxiliar de São Paulo de 2001 a 2008.

ANFITRIÃO DO PAPA

Como foi a presença do Papa Bento XVI em São Paulo?

O Papa chegou no dia 9 de maio de 2007 e partiu de São Paulo no dia 11 de maio pela tarde, rumo a Aparecida. Em São Paulo, ele ficou hospedado no Mosteiro de São Bento e eu fiquei lá com ele nesses dias. Acompanhava-o nos deslocamentos a bordo do papamóvel e me recordo de alguns comentários que ele fazia nos trajetos. Havia muito povo, aclamando, acolhendo, com muitos celulares e câmeras tirando fotos. Ele se admirou e disse: "*Quanti telefonini*" (quantos celulares!). E acenava para o povo, retribuindo a acolhida. No Mosteiro de São Bento, ele ainda celebrou a Missa privadamente no fim do dia, porque havia saído de Roma muito cedo, e eu concelebrei com ele. Ele sentiu-se muito à vontade no Mosteiro. Após os jantares, as conversas prolongavam-se e ele, com toda simplicidade, perguntava e respondia a perguntas. Foi aí que tive o primeiro contato mais próximo com Bento XVI. Eu não o conhecia tão proximamente e admirei muito o jeito simples dele durante essa visita.

Na chegada, a noite era fria. Muitas pessoas encheram a praça à frente do Mosteiro, gritando vivas ao Papa e querendo que ele aparecesse na sacada. Naturalmente, não era o caso, porque ele estava super cansado e foi descansar cedo. Lá pelas tantas da noite, desci e expliquei ao povo que o Papa estava descansando, pois havia feito uma viagem longa e cansativa. Então as pessoas se dispersaram. Mas, no dia seguinte, na hora do Papa sair para os compromissos, havia novamente muita gente na praça. Ele então foi para a sacada e saudou as pessoas. O Papa gostou dessa interação com o público e depois de cada saída e chegada ao Mosteiro, ele passava pela sacada para saudar os fiéis.

A empatia de Bento XVI com o povo logo desfez a imagem e certos comentários na opinião pública de que ele era frio e pouco comunicativo. O povo pôde ver o contrário disso e houve imediata interação dele com as multidões.

Nesse convívio no Mosteiro de São Bento, o que sobressaía da pessoa de Bento XVI nas conversas?

No Mosteiro, o Papa sentiu-se em casa, em ambiente familiar, pouco formal. Tanto que não havia mordomos para servir à mesa. Eram os monges e o pessoal da casa que arrumavam as coisas, colocavam à mesa e serviam. Além da comunidade monástica, estávamos lá apenas eu e o secretário do Papa, Monsenhor *Georg Gänswein*[21]. Claro, estavam também o chefe de segurança do Papa e um ou outro guarda suíço. Todos estavam à mesa com o Papa.

Todos podiam falar com o Papa, que também perguntava sobre várias questões, como as vocações, os movimentos leigos, as famílias e quis saber como estavam as questões políticas no Brasil. Os monges também faziam perguntas, muito curiosos em relação à própria vida do Pontífice, à Cúria Romana, ao Vaticano e questões gerais sobre a Igreja. E o Papa foi respondendo com muita paciência e simplicidade. Não eram discussões teológicas, ou problemas a serem discutidos. Bento XVI mostrou-se próximo e atento a tudo o que lhe era dito.

21 O Arcebispo Dom Georg Gänswein foi prefeito da Casa Pontifícia e, atualmente, é núncio apostólico na Lituânia, Estônia e Letônia.

Ao lado da imagem do teólogo, do Cardeal Ratzinger, que foi Prefeito da Congregação para a Doutrina da Fé, e agora era Papa, foi possível conhecer um homem simples, uma pessoa que interage de modo familiar e se sente bem em um ambiente familiar e descontraído. Houve um ou outro canto brasileiro, que os monges cantaram para o Papa e ele gostou. Ele gostava das frutas brasileiras e perguntava sobre o que o povo comia no dia a dia.

SEM DÚVIDA, FOI UMA VIAGEM MARCANTE.

Foi a primeira viagem longa que o Papa Bento XVI fez. Ele já tinha feito alguma viagem menor, mas não com essa programação toda. A experiência foi boa e ele passou a fazer outras viagens internacionais mais longas em seguida.

Bento XVI cumpriu um roteiro bastante intenso em São Paulo e em Aparecida. Os principais momentos foram: o encontro com a juventude no estádio do Pacaembu, lotado, na noite do dia 10 de maio. Houve muita interação com os jovens, aos quais ele deixou uma mensagem muito carinhosa. No dia seguinte, ele presidiu a canonização de Santo Antônio de Sant'Anna Galvão, no aeroporto do Campo de Marte, com a participação de mais de um milhão de pessoas. Apesar do frio, o povo compareceu em grande número, também de fora de São Paulo. Depois houve o encontro do Papa com o episcopado do Brasil na Catedral de São Paulo, momento intenso, onde o Papa falou muito à vontade com os bispos, e na linha daquilo que depois ele falaria na abertura da Conferência de Aparecida. Além disso, o Papa também fez uma visita ao Governador, no Palácio Bandeirantes.

Os poucos dias de Bento XVI em São Paulo foram intensos e ofereceram a ele a oportunidade de uma experiência de interação com o povo e de uma Igreja viva e vibrante. Depois, ele foi a Aparecida, onde fez a celebração da abertura da V Conferência Geral do Episcopado da América Latina e do Caribe e fez visita à Fazenda Esperança, em Guaratinguetá. Esse encontro com a comunidade da Fazenda da Esperança foi desejado pelo Papa, embora houvesse muita preocupação com a sua segurança. Foi um encontro tocante do Papa com aqueles jovens que estavam lá na Fazenda Esperança, fazendo um caminho de superação das dependências químicas. Os jovens retribuíram com carinho e, com todos os problemas que viviam, sentiram que o Papa os compreendia, queria ajudá-los e lhes levava uma palavra de esperança.

APARECIDA

Chegamos à Conferência de Aparecida, na qual o senhor esteve presente e trabalhou ativamente. Como foi a experiência desse evento que repercute até hoje na Igreja da América Latina e do mundo?

Como Secretário-Geral da CNBB, eu havia participado dos momentos continentais da preparação da V Conferência, em reuniões com o Celam[22] em várias Regiões da América Latina. Lembro de ter participado de um encontro preparatório

22 Conselho Episcopal Latino-Americano.

em Buenos Aires, onde era Arcebispo o Cardeal Bergoglio[23]. Talvez por isso, fui nomeando Secretário-Adjunto da Conferência de Aparecida. O Secretário-Geral do Celam, Dom Andrés Stanovnik, atual Arcebispo de Corrientes, na Argentina, foi o Secretário da Conferência.

A participação na V Conferência foi uma experiência extraordinária. Primeiramente, pelo fato de ser em Aparecida, junto do Santuário Mariano, como queria Bento XVI. A Conferência já havia sido convocada por São João Paulo II, que veio a falecer antes da sua realização. Depois da eleição de Bento XVI, ele logo confirmou a Conferência, definiu o tema e mandou seguir a preparação e a celebração da Conferência como se havia feito nas vezes anteriores. O Papa usou uma palavra muito clara: "Façam como vocês estão acostumados a fazer". Isso deu uma grande liberdade ao Celam na organização da Conferência.

Os bispos participantes da Conferência procediam de todos os países da América Latina. A maioria deles nunca tinha estado em Aparecida e todos ficaram maravilhados com as dimensões do Santuário Nacional, a organização pastoral e a grande quantidade de peregrinos, sobretudo, nos finais de semana.

O discurso do Papa na abertura da Conferência foi memorável e orientou a Conferência, sendo retomado em várias partes do documento final. Em seguida, o Papa voltou para Roma, naquela mesma tarde de 13 de maio. E os trabalhos da Conferência iniciaram propriamente no dia seguinte.

A primeira questão posta foi sobre um documento conclusivo, ou não. A decisão quase unânime dos participantes foi que se faria um documento conclusivo. Outra questão foi sobre a base desse documento: partir do texto preparatório,

23 Cardeal Jorge Mário Bergoglio.

ou iniciar a produzir o documento na própria Conferência? A decisão quase unânime foi que se iniciasse a elaboração do documento na própria Conferência.

Houve dois dias de escuta, em que os bispos falaram, trouxeram suas preocupações, mantendo-se na linha do tema "discípulos missionários de Jesus Cristo, para que, n'Ele, nossos povos tenham vida". Levantaram-se muitas questões que afetam e desafiam a vida e a missão da Igreja na América Latina. Depois dessa tempestade de ideias, foi preciso aglutinar os assuntos em torno de vários temas e se formaram comissões, a partir dos temas levantados. Todos os participantes foram inseridos em alguma comissão. O método sinodal já funcionou plenamente na Conferência de Aparecida.

O texto foi nascendo a partir dos núcleos temáticos das comissões. Depois, os temas eram elaborados e levados à discussão do plenário. As comissões trabalhavam durante o dia para produzir a matéria; à noite, uma comissão de redação trabalhava para costurar um texto, que precisava ser fiel às ideias da assembleia. À frente dessa comissão de redação estava o Cardeal Bergoglio, com uma equipe consistente, da qual participaram os cardeais Cláudio Hummes, Maradiaga[24] e Aguiar Retes[25], com alguns teólogos que os assistiam.

No final de três semanas de trabalhos, o texto do Documento de Aparecida estava pronto, fruto da Conferência de Aparecida, a qual refletiu sobre uma série de questões, que ainda estão produzindo frutos. A grande preocupação era a renovação missionária na Igreja do Continente Latino-Americano. Já não se podia mais seguir, simplesmente, com uma pastoral de manutenção; era preciso levar em conta as

---

24 Cardeal Óscar Andrés Rodríguez Maradiaga, atual Arcebispo emérito de Tegucigalpa, Honduras.

25 Cardeal Carlos Aguiar Retes, atual Arcebispo da Cidade do México.

novas realidades da Igreja, da sociedade e do povo da América Latina, para lançar novamente a missão da Igreja. Essa e muitas outras questões salientes no Documento de Aparecida foram, depois, repercutidas pelo Papa Francisco para a Igreja do mundo todo na Exortação Apostólica *Evangelii Gaudium (2013).* As intuições do Documento de Aparecida estiveram presentes também no recente sínodo sobre a sinodalidade da Igreja (2023-2024). Portanto, a Conferência de Aparecida continua a ter um grande impacto na Igreja. Penso que foi uma contribuição muito significativa da Igreja na América Latina para a Igreja inteira.

Que recordação o senhor tem do Cardeal Bergoglio em Aparecida?

Lembro de poucas coisas, mas que me marcaram. Ele presidiu uma das Missas na Basílica de Aparecida e quase não se entendia o que ele falava, porque ele falava muito baixinho. No plenário, ele fez poucas e breves intervenções, muito pontuais; o resto do tempo, ele estava reunido com a comissão de redação, trabalhando noite adentro na produção do texto a partir das contribuições da assembleia. Ele era silencioso, introspectivo, sereno e muito atento a tudo. Essa é a imagem que eu guardo dele em Aparecida.

Em entrevistas, o Papa Francisco falou sobre a passagem de Aparecida, dizia que, para ele, foi uma experiência iluminadora, mas recordava que não entendia muito o episcopado brasileiro, que frequentemente vinha com as propostas sobre o meio ambiente, sobre a Amazônia.

De fato, os bispos brasileiros presentes na Conferência de Aparecida referiam-se com frequência às questões ambientais, sociais e humanas (indígenas) da Amazônia. Isso o impressionou mas, pouco a pouco, ele foi entendendo o motivo e a importância dessas preocupações, que não devem ser alheias à ação evangelizadora da Igreja. Como papa, ele escreveu a encíclica *Laudato si'*, sobre o cuidado da casa comum, e realizou um Sínodo especial sobre a Amazônia, que resultou na exortação apostólica *Querida Amazônia*.

DE VOLTA A SÃO PAULO

Terminada a Conferência de Aparecida, começou finalmente a sua missão como arcebispo de São Paulo?

Foi bem assim. Eu tomei posse dia 29 de abril e, no dia seguinte, fui para a Assembleia da CNBB. Assim que terminou, no dia 9 de maio, o Papa já chegava e o acompanhei na visita. Depois estive na Conferência de Aparecida, retornando a São Paulo apenas no dia 29 de maio, exatamente um mês depois da posse. Foi aí que, concretamente, pisei na Arquidiocese,

Igreja e, ao mesmo tempo, um privilégio único. Mas acolhi com senso de humildade, e não como um privilégio pessoal, essa participação corresponsável na missão da Igreja. Os cardeais são conselheiros do Papa, através da participação nos diversos Dicastérios da Cúria, e o auxiliam a discernir sobre questões que ele deve decidir para o bem de toda a Igreja. E isso é uma responsabilidade muito grande.

Como o senhor define o cardeal?

O cardeal, canonicamente, é membro do Colégio Cardinalício e tem na Igreja as funções especiais de colaborar com o Pontífice no exercício do ministério dele e de eleger o Papa, quando ele vem a faltar. Os cardeais podem ser comparados aos membros do Colégio de Consultores nas dioceses. Por isso, todos os cardeais são membros do clero de Roma e, para significar isso, são ligados a uma igreja titular em Roma. A minha igreja titular é Santo André junto do palácio do *Quirinal*, que é o Palácio presidencial da Itália. É uma igreja cuidada pelos jesuítas. O cardeal vai à sua igreja titular às vezes, para fazer presença e celebrar alguma Missa. Mediante essa igreja titular, o cardeal é ligado à diocese de Roma e, como membro do clero romano participa da eleição do Bispo de Roma, que é o Papa.

Muitas vezes, relaciona-se a função do cardeal apenas à eleição do Papa, mas não é somente isso que ele faz. O Papa quer ouvir um certo número de cardeais em relação a determinadas questões, sobre educação, cultura, clero, catequese, religiosos, liturgia, ou tantas outras questões. Não todos os cardeais são membros de tudo; mas em cada Dicastério da Cúria há um bom grupo de cardeais membros e conselheiros que, mediante a participação nos Dicastérios, prestam conselho ao Papa. Na própria diocese, o cardeal é um bispo como todos os outros bispos. Ele não tem poder maior do que os outros bispos. O cardinalato não lhe confere jurisdição sobre as outras dioceses e os outros bispos. Cada bispo responde pela sua diocese e o cardeal responde somente pela própria diocese.

Como foi a experiência de ter um pouco mais de contato com o Papa Bento XVI no serviço específico à Santa Sé, como cardeal?

No tempo de Bento XVI, fui membro da Congregação para Educação Católica — que ainda não se chamava de Dicastério para Cultura e Educação —, da Congregação para o Clero, do Pontifício Conselho para a Família, do Pontifício Conselho para a Promoção da Nova Evangelização e da Pontifícia Comissão para a América Latina. Por algum tempo, eu também fui membro do Conselho de Cardeais para a supervisão da administração econômica da Santa Sé e do Instituto para as Obras de Religião (IOR). Fui também membro do Conselho do Sínodo dos Bispos. Nas reuniões desses Dicastérios, geralmente, havia um encontro com o Papa. Mas eram encontros breves e não dava para trocar muita conversa. Somente uma saudação e alguma notícia breve.

Quando Bento XVI se tornou emérito, fiz algumas poucas visitas a ele. Então, a conversa se prolongava mais e ele lembrava da visita em São Paulo e sempre perguntava, como estava o Mosteiro de São Bento, recordando que se hospedou lá. Perguntava sempre sobre as vocações e as famílias. Em certa ocasião fui saudá-lo e ele me convidou para rezar o Terço com ele nos jardins do Vaticano. Saímos a caminhar perto da Gruta de Nossa Senhora de Lourdes, junto com o Secretário dele, Georg Gänswein, que sempre o acompanhava. Então, ele me perguntou se queria rezar em latim ou em italiano.

Respondi que podia ser em alemão. Ele se admirou e lhe contei que rezava o Terço em alemão desde a minha infância. E assim o fizemos.

Mas, voltando um pouco atrás, houve a renúncia de Bento XVI, que causou surpresa, admiração e polêmica. Como o senhor recebeu essa notícia? Poderia imaginar que isso pudesse acontecer?

Naquele dia 11 de fevereiro de 2013, eu acabava de chegar a Roma, para uma reunião. Havia me instalado na hospedaria da Casa Romana do Clero, e, como sempre fazia, levava comigo um pequeno aparelho de rádio, que liguei para ouvir notícias. Então, um jornalista anunciou: *notizia shock!* Notícia chocante! "Estão dizendo que o Papa renunciou". Logo depois veio a confirmação: era verdade, o Papa Bento XVI havia apresentado a renúncia diante de um grupo de cardeais. Para a opinião pública, em geral, parecia que o céu tinha caído, que a terra tinha cedido debaixo dos pés... O povo católico simples nunca poderia imaginar a renúncia do Papa. E se perguntava sobre como ficaria a Igreja, sem Papa?

Como eu vi isto? Bem, eu acompanhei os últimos anos da evolução da doença do Papa João Paulo II, até aquelas cenas finais em que ele queria se comunicar ainda com o povo e já não conseguia mais. Foram imagens que ficaram dramaticamente marcadas na memória. Conhecendo um pouco o Papa Bento XVI e sua origem cultural, confesso que sua renúncia não me surpreendeu tanto. Surpreendeu o momento em que se deu, pois não esperava para tão logo. Mas eu tinha para mim que Bento XVI já teria uma carta escrita para a sua renúncia, quando chegasse a não poder mais levar adiante a sua missão. De fato, não esperou chegar a esse ponto.

Bento XVI sofreu muito em meio à problemática que enfrentou e a tempestade que se abateu sobre ele. Ele já estava muito abatido e lembro que numa das últimas audiências públicas, ele parecia estar desorientado depois da sua fala e não sabia para onde ir. Alguém precisou ajudá-lo a sair do palco. Tal era a pressão que ele sofria por causa das muitas questões internas da Igreja e a explosão dos casos de pedofilia.

Quando soube de sua renúncia, no interior, logo pensei comigo, que ele fez um ato de grandeza ao tomar essa decisão para o bem da Igreja, sentindo que não era mais capaz de levar avante o peso da responsabilidade. Ele foi muito criticado por alguns pela sua renúncia. Mas hoje, o apreço positivo por esse seu gesto é geral.

Entre os dias 11 e 28 de fevereiro, quando ele fez as últimas audiências e, na prática, as suas despedidas, ele respondeu a uma questão que apresentaram para ele: como fica a Igreja sem o Papa? Ele disse para todos rezarem e ficarem tranquilos, pois o Papa é apenas um servidor e o pastor da Igreja é Jesus Cristo, que continua a cuidar dela. E disse também que os cardeais iriam se reunir para escolher um novo Papa. E pediu que todos rezassem pela eleição do novo Papa.

O senhor participou dos últimos eventos do pontificado de Bento XVI, sobretudo, na última audiência, em que ele mesmo disse que entre aqueles cardeais estava o próximo Papa. O senhor teve oportunidade de saudá-lo também. Pode compartilhar o que disse ao Santo Padre naquele momento?

Eu só agradeci pelo pontificado dele e disse que rezava por ele, desejando-lhe saúde. Foi um momento muito breve, mas lembro da palavra que ele disse aos cardeais: "entre vocês está o próximo Papa, já estou rezando por ele e prometendo obediência a ele". Foi um momento único vivido na história da Igreja desde muitos séculos. Creio que tudo ajudou e ajuda a Igreja a amadurecer, embora ainda haja grupos que estão problematizando a renúncia de Bento XVI. É uma pena que ainda não tenham absorvido esse passo dado e criem narrativas equivocadas e absolutamente infundadas sobre a renúncia do Papa Bento XVI. Há teorias da conspiração, dizendo que ele foi obrigado a renunciar, ou então, que a renúncia dele não valeu e por isso a eleição de Papa Francisco também não valeu. Essas narrativas, infelizmente, acabam influenciando algumas pessoas e grupos.

CONCLAVE

DEPOIS, HOUVE O CONCLAVE. HÁ UM DITADO ROMANO QUE DIZ QUE QUEM ENTRA PAPA SAI CARDEAL. COMO O SENHOR SABE, A IMPRENSA COLOCOU O SEU NOME NA LISTA DOS "PAPABILE". O QUE O SENHOR PENSOU SOBRE ISSO?

Logo depois da renúncia de Bento XVI, começaram as especulações e até se faziam apostas sobre os possíveis candidatos a papa. Muitos tentaram influenciar a opinião pública e os próprios cardeais na escolha do próximo papa. As supostas "candidaturas", porém não saem de dentro do Conclave e são um jogo para criar expectativas e influenciar a opinião pública dentro e fora da Igreja. E há sempre os que se dizem entendidos nas questões do Vaticano, que criam narrativas e apresentam um quadro de probabilidades que, geralmente, dão errado depois.

Mas, em relação à minha pessoa, eu tinha a noção de que havia especulações, mas procurei manter-me ao máximo distante disso, até para manter a serenidade. Durante o Conclave, não tínhamos nenhum contato com a opinião pública, com a imprensa ou com as mídias. Portanto, eu fui saber depois do Conclave o que andaram dizendo. Ri muito.

Depois da eleição do Papa Francisco, numa entrevista dada pelos cardeais brasileiros no Colégio Pio Brasileiro, perguntaram-me, como eu explicava que os candidatos preferidos não foram eleitos, e foi eleito um cardeal que nem estava na lista dos "papáveis". Respondi que a explicação é muito simples: que era preciso conhecer melhor a Igreja, cujas decisões não seguem a lógica das pressões ou narrativas da opinião pública.

Os cardeais são adultos e muito responsáveis, bem sabendo o que fazem e o que devem fazer. Eles estiveram juntos durante uma semana nas reuniões gerais, antes de entrar em Conclave. E, naquelas reuniões, foi feita uma avaliação geral da vida da Igreja, das situações que o Papa a ser eleito devia ter em conta. Durante esses dias, os cardeais conversavam entre si, porque ainda não estavam em Conclave. E ficam atentos para identificar quem poderia ser o homem a ser escolhido para essa missão.

Durante o Conclave, não há mais discursos nem se apresentam candidaturas. A partir das votações, vão despontando candidatos que, pouco a pouco vão definindo o final da eleição. Por vezes, o candidato que está em maior evidência, acaba sendo eleito. Outras vezes, não. Diz-se, por exemplo, que Pio XII era candidato preferido e foi eleito; Paulo VI também era candidato preferido e foi eleito; já o Papa João Paulo I, João Paulo II e Francisco não estavam entre os "papáveis" e foram eleitos. Bento XVI era, sim, apontado como candidato e foi eleito. Então, não é verdade absoluta o ditado popular, segundo o qual quem entra Papa no Conclave, sai cardeal...

O momento do Conclave é como um grande espetáculo, em que todo mundo fica envolvido, católicos ou não católicos, crentes ou não-crentes, por uma razão ou por outra. E é claro, todos querem emplacar o seu candidato. Quem aposta na Bolsa de Londres se envolve, porque quer acertar o seu jogo. Os políticos se envolvem porque desejam um Papa que corresponda à suas convicções e tendências, sobretudo para a política internacional. Os católicos estão envolvidos porque desejam conhecer logo quem será seu Papa. Se as pressões funcionaram no passado, hoje isso absolutamente não funciona mais.

Sabemos que quando ouvimos o "extra omnes" e as portas da Capela Sistina são fechadas, o segredo impera. Mas como é o clima de um Conclave?

O modo de funcionar do Conclave não é secreto. Primeiro, sabe-se que ele existe. Segundo, sabe-se como se realiza, porque há um documento público que define como deve transcorrer o Conclave. E o rito do Conclave é estritamente observado. É secreto o que diz respeito ao conteúdo do que se passa durante o Conclave, como as votações.

O clima do Conclave é o de uma celebração. Por isso, um Conclave é celebrado e inicia com a invocação do Espírito Santo, um momento extremamente tocante. Faz-se a celebração da Liturgia das Horas, na Capela Paulina, de onde os cardeais seguem em procissão até a Capela Sistina, cantando a Ladainha de todos os Santos.

Uma vez chegados à Capela Sistina, todos os que não são cardeais deixam o ambiente e fica só o secretário do Colégio Cardinalício, que não é cardeal. No caso, foi o Cardeal Baldisseri, hoje também cardeal. Aí se começa a fazer o que está previsto. Primeiramente, passam-se as informações gerais sobre o rito do Conclave, faz-se a eleição dos mesários, dos escrutinadores, a explicação do rito da entrega do voto, tudo como está previsto no documento sobre a eleição do Papa. Em seguida, começam as votações.

E o clima é de silêncio e oração; não há discursos. Começa-se rezando e se termina rezando. Quando termina o dia, voltam todos para a Casa Santa Marta. No jantar, conversa-se tranquilamente, depois vai cada um para o seu quarto, descansar. Porém, não há acesso a nenhuma mídia, nem TV, nem jornal, nem rádio; os telefones celulares são deixados na portaria. Durante os dias do Conclave, os cardeais não se comunicam para fora.

Aquele que alcança dois terços dos votos é eleito Papa. Ele é perguntado, pelo Cardeal Camerlengo, se aceita a eleição e qual nome que assume como Papa. Uma vez feito isso, ele se retira para uma sala ao lado, onde já estão preparadas as vestes papais que deve usar. Então, ele volta para a Capela, vestido de Papa, para receber os cumprimentos dos cardeais. Esses cumprimentos são o reconhecimento dos cardeais ao novo Pontífice. Segue-se um momento de ação de graças e, em seguida, o novo Papa vai à sacada da Basílica de São Pedro para se apresentar ao povo na Praça de São Pedro. A apresentação de Francisco à Praça , foi numa memorável noite fria e chuvosa de Roma.

O Conclave foi uma vivência única. Para o público, também é um espetáculo muito esperado. A comunicação mediante a fumacinha branca foi mostrada em todo o mundo pelos poderosos meios de comunicação e pelas modernas mídias sociais. Quando há uma boa notícia, ela se propaga, mesmo com os meios mais primitivos... O mundo inteiro se entendeu mediante um sinal de fumaça! O volume de comunicação produzida na Praça São Pedro, naquela noite, foi impressionante. Quantos televisores estavam ligados no mundo todo naquele horário, só Deus sabe. Mas, certamente, não se repetiu outro momento igual.

Por tradição, a eleição do Papa é festa em Roma. Durante muito tempo, havia os Estados Pontifícios e o Papa, de fato, era o governante não só da Igreja e da cidade, mas dos territórios pontifícios que ocupavam quase meia Itália de hoje. Então, a eleição do Papa suscitava grande júbilo popular.

Uma pergunta interna ainda. Quando o Cardeal Bergoglio escolheu o nome Francisco, o que o senhor pensou?

Muitas coisas passaram pela minha cabeça naquele momento. Como o próprio Papa contou, teria sido o Cardeal Hummes, sentado ao seu lado durante o Conclave, quem lhe pediu: "Não se esqueça dos pobres". O Papa mesmo relatou em uma entrevista que, ao ouvir essas palavras, imediatamente pensou em São Francisco de Assis e, então, escolheu o nome Franciso.

Houve um outro fato, acontecido no domingo anterior ao Conclave. Eu fui a Assisi com um grupo de religiosas conhecidas de Roma. Visitamos alguns lugares franciscanos e chegamos ao eremitério "delle Carceri", na encosta do monte Subásio, no meio da floresta, onde São Francisco fazia longos retiros com seus confrades. Lá também estava o cardeal Christiph Schönborn, arcebispo de Viena, com outro grupo de religiosas. Começamos a conversar e ele fez esta observação: "Que tal, se o próximo Papa tomasse o nome de Francisco?" Observei que poderia ser interessante, pois ainda não houve um Papa com esse nome. Foi uma conversa despretensiosa, pois estávamos ali, visitando um lugar marcante na vida de São Francisco.

Quando, alguns dias depois, o Cardeal Bergoglio foi eleito e escolheu o nome de Francisco, em honra de São Francisco de Assis, eu e o Cardeal Schönborn, que estava numa fila de cadeiras de frente para mim, cruzamos nossos olhares, admirados e sem saber o que dizer. Foi como se nosso desejo tivesse sido atendido, mesmo que nem eu, nem ele tenhamos falado dessa conversa de Assisi com alguém. Cada vez que encontro o Cardeal Schönborn, nalguma reunião em Roma, nós recordamos aquele encontro no eremitério do Monte Subásio.

No dia seguinte à eleição, houve aquela Missa na Capela Sistina, na qual o Papa Francisco fez a sua primeira homilia como Pontífice. O que mais marcou dessas primeiras palavras?

O Papa traçou naquela primeira homilia, celebrando com o Colégio Cardinalício, a direção do seu pontificado. Lembro que ele falou sobre Jesus Cristo; que a Igreja exerce a missão de Jesus Cristo e deve ser fiel a Ele. Também disse algo que depois repetiu várias vezes, em documentos e falas: que a Igreja não é uma ONG do bem. Ela faz muito bem, mas a sua missão vai além disso. Ela tem de testemunhar e anunciar Jesus Cristo. Falou, ainda, que a Igreja deve sair, ir a todos, abrir os horizontes da missão.

Após o Conclave, pouco tempo depois, houve a Semana Santa, e o senhor presidiu a Missa crismal na Catedral da Sé, com todo o clero da Arquidiocese. Chamou a atenção o fato de o senhor estar visivelmente emocionado. O quanto toda essa experiência impactou na sua vida, no seu ministério?

O Conclave se encerrou no dia 13 de março, mas ainda fiquei em Roma até o dia 19 de março, para a Missa Solene do início do Pontificado. Quando regressei, praticamente, já entramos na Semana Santa. Ainda havia uma carga de emoções muito fortes da experiência vivida no Conclave. De uma participação intensa nas responsabilidades da universalidade da Igreja para voltar ao chão da própria realidade, foi bastante impactante.

A Quinta-feira Santa é especialmente tocante para nós. E se a vivemos profundamente, não tem como não se emocionar. E a celebração era na Catedral, com um grande número de padres, de diversas formações, origens, clero religioso e diocesano e padres que trabalham com tantas realidades diferentes. Mas, finalmente, é um único clero, que está a serviço da mesma missão da Igreja. Isso não deixa de ser algo impactante e, quando caímos na conta de que isso está sob nossa responsabilidade, sentimo-nos muito pequenos e agraciados por Deus. É dom e graça de Deus. É Deus que tem que agir, o Espírito Santo é que toca os corações e realiza a sua obra em cada coração.

PAPA FRANCISCO

Concluído o Conclave, começa um novo pontificado, tendo à frente um Papa latino-americano, que desde o início chama a atenção pelo seu jeito de ser, quebrando alguns protocolos.

O Papa é uma pessoa humana e, como tal, tem seu jeito pessoal e traz a cultura do seu povo. É o que Francisco mostra. As quebras de protocolo começaram logo na sua apresentação ao povo na Praça São Pedro. Ele pediu para o povo rezar por ele e abençoá-lo, antes que ele abençoasse o povo. Em seguida, retornando à Casa de Santa Marta, houve uma comemoração pela sua eleição. No Pátio de São Dâmaso, esperava por ele o carro oficial pontifício, com motorista, batedores, guardas suíços e seguranças. Mas ele entrou no ônibus, com os cardeais, e voltou de ônibus à Casa Santa Marta. No veículo estavam vários cardeais, todos queriam ceder o lugar a ele, mas ele escolheu uma cadeira vazia ao lado de Dom Raymundo Damasceno Assis[28]. Aquela quebra de protocolo deixou desorientados aqueles que tinham que cuidar do seu transporte e segurança.

Realmente, Francisco assumiu um jeito próprio de ser Papa, quebrando certos paradigmas cristalizados no imaginário público em torno da figura do Papa. E foi mudando bastante coisas, sem deixar de ser o Papa e sem deixar de assumir a autoridade e a missão que lhe são próprias. Deixou de lado uma série de protocolos interessantes para "valorizar" a figura do Papa, mas que também poderiam ser um pouco comprometedores de sua autonomia e liberdade. Para alguns, essa "desmistificação" da figura do Papa pareceu ser uma diminuição da importância e da autoridade do Pontífice. No entanto, Francisco não diminuiu o seu papel, mas o desvestiu bastante de certa imagem cênica, que, com o passar do tempo, foi sendo criada em torno da figura e da pessoa do Papa. O Papa aceita a segurança e não anda sem ter todo aquele aparato de segurança, que é uma questão de altíssima responsabilidade.

Ele escolheu viver na Casa Santa Marta, ao invés de morar do Palácio Apostólico. Mesmo lá, não é como foi dito por vezes, que o Papa chega na casa e se senta em qualquer mesa no refeitório e qualquer um pode sentar-se com ele. Não é assim. Ele tem uma mesa reservada num ângulo do refeitório, para ele para fazer as refeições em paz. Senão, ele seria constantemente incomodado com saudações e fotografias. A essa

---

28 Cardeal Raymundo Damasceno Assis, à época, Arcebispo de Aparecida (SP), atualmente, emérito.

mesa, ele geralmente convida algum colaborador próximo, ou algum hóspede especial que está em Roma para conversar durante a refeição.

O JEITO LATINO-AMERICANO DE FRANCISCO AJUDA A IGREJA, SOBRETUDO, NA EUROPA, A TER UM NOVO OLHAR SOBRE OUTRAS PARTES DO MUNDO?

Certamente e penso que o Papa Francisco está ajudando, a seu modo, a trazer a periferia para o centro das atenções da Igreja e da sociedade. Ele tem uma atenção especial pelas "periferias" e convida a olhar o mundo, a sociedade e a Igreja a partir das respectivas periferias. Ele faz isso, por exemplo, com suas viagens, escolhendo países muitas vezes periféricos, onde a presença da Igreja é muito pequena, até inexpressiva. Mas ele vai lá para valorizar e integrar. Quantos cardeais ele nomeou para países e sedes menos em evidência e até para lugares, geralmente desconhecidos, como alguma ilha no meio do Oceano Pacífico, ou para a Mongólia, onde a presença cristã ainda é minúscula. Isso tem o objetivo de integrar também aqueles países e comunidades na grande Igreja, fazendo-os serem representados no Colégio Cardinalício.

Já se passou mais de uma década do pontificado de Francisco. Como definir esse Papa amado por muitos, mas, por vezes, contestado?

Já são mais de 11 anos com o Papa Francisco à frente da Igreja. Ele inaugurou uma etapa nova na vida da Igreja do século XXI e introduziu novidades, que, certamente, deixarão suas marcas para a história.

Evidentemente, seu modo de tratar as coisas agrada a alguns e a outros, não. Isso até deveria ser considerado normal. O que não pode ser considerado normal é que haja contestação do seu papado dentro da Igreja, o que infelizmente está acontecendo. Francisco está sendo muito corajoso ao propor coisas novas não só para ele, como Pontífice, mas também para a imagem da hierarquia, do episcopado, do modo de ser da Igreja no mundo, para que ela seja verdadeiramente uma Igreja missionária, que vai ao encontro da humanidade nas suas muitas situações. Penso que o Papa Francisco pode ser visto como um Papa que rompe um paradigma cultural sobre o modo de se ver o próprio Papa e também a Igreja. E isso é bom. Gera certa crise de desenraizamento, mas leva a rever posições e a renovar a vida da Igreja.

O Papa dialoga com pessoas que não têm necessariamente as nossas convicções, como os movimentos sociais que, no parecer geral, seguem uma ideologia de esquerda, socialista e revolucionária. Aceita dialogar com eles para ouvir a sua contribuição para dar solução aos problemas sociais. O Papa aceita dialogar com os muçulmanos, com protestantes e representantes de outras religiões. Existem muitas diferenças entre muçulmanos e cristãos, entre católicos e luteranos, entre católicos e anglicanos, entre cristãos e budistas. O Papa ensina que é preciso acolher as pessoas e dialogar com todas com respeito, buscando aquilo que nos une no serviço que as religiões devem prestar, não só a Deus, mas também à humanidade. Essas atitudes do Papa chocam alguns que, às vezes, têm uma ideia bastante restrita em relação àquilo que, segundo eles, o Papa deveria, ou não deveria fazer. Isso não é novidade na história da Igreja, desde os tempos de Jesus, que também foi criticado pelos escribas e fariseus porque recebia e tratava bem todo tipo de gente. O Papa está ajudando a Igreja a voltar à sua origem.

Cardeal Scherer abençoa mulher em situação de rua durante a Via Sacra do Povo da Rua, na região da Cracolândia, em 2013.

VI

UM PADRE A VIDA TODA

DIÁLOGO

O senhor fala do diálogo ecumênico e inter-religioso. Alguns se chocaram com o documento que o Papa assinou com o Imã Al-Tayyib, em Abu Dhabi, sobre a fraternidade humana. As pessoas têm medo de quem tem uma fé diferente?

Esse medo ainda pode estar relacionado com feridas do passado, de um e outro lado. Há preconceitos históricos e lembranças de lutas e malefícios do passado, que ainda não conseguiram ser sanados. Por vezes, essas cicatrizes do passado se abrem em novas feridas, tanto da parte católica, como da parte de outros grupos religiosos não católicos em relação a nós.

Temo que o medo de dialogar com outras tradições religiosas, ou mesmo com denominações cristãs diversas, possa denotar, de nossa parte, pouca firmeza na nossa fé. Talvez o fato de dialogar com os outros nos deixa inseguros, porque não temos clareza e firmeza naquilo que nós mesmos cremos e afirmamos. No diálogo, partimos das nossas convicções e ouvimos serenamente as convicções dos outros, sem que isso nos abale. Para um diálogo ecumênico e inter-religioso sereno, precisamos amadurecer na nossa própria fé e convicção religiosa.

Esse é o caso, por exemplo, do diálogo havido em Abu Dhabi, do qual resultou o documento sobre a fraternidade humana[29]. Ali está uma posição de abertura recíproca em relação àquilo que temos em comum entre cristãos e muçulmanos. Antes das religiões e códigos de fé diferentes, nós temos em comum a humanidade; somos humanos, da mesma família humana e temos o chamado à vida e à salvação, que Deus faz a todos. Deus quer estender sua misericórdia a todos e nos entrega a tarefa de cuidar da humanidade e do mundo, edificando uma sociedade justa e fraterna, que viva em paz, se respeite e zele pela dignidade das pessoas. Isso é tarefa comum a todos, independentemente de religião. Portanto, não devemos ter medo de trabalhar juntos, buscar o entendimento comum, unir esforços para fortalecer o testemunho de serviço que a religião presta, não só a Deus, mas também ao homem. A religião presta culto, louvor, adoração e reconhecimento a Deus; como consequência e por coerência, ela precisa prestar serviço ao homem: não de culto, mas de respeito, caridade e valorização, porque toda criatura é de Deus.

29 Documento sobre a Fraternidade Humana em prol da Paz Mundial e a Convivência Comum, assinado pelo Papa Francisco em 4 de fevereiro de 2019, em Abu Dhabi, nos Emirados Árabes Unidos, com o Grão Imã de Al-Azhar, Ahmed Al-Tayyib.

Há quem vê na abertura para o diálogo um risco de relativismo em relação à fé católica.

Naturalmente, deve-se estar atento para que isso não aconteça. A rigor, isso não acontece quando o diálogo é sincero e maduro. Não estamos colocando em jogo questões fundamentais da nossa fé, como o mistério da Santíssima Trindade ou da divindade de Jesus Cristo. Não estamos pondo a questão da encarnação do Filho de Deus em nossa humanidade, nem questionando a redenção universal realizada por Ele. As questões tratadas no diálogo inter-religioso referem-se à base humana que temos em comum, nossos anseios e a razão por que existimos. E isso é a base para todo o diálogo. Sobre as concepções religiosas diferentes, nós ouvimos atenta e respeitosamente e falamos das nossas, com clareza e respeito, esperando ter a mesma atenção da outra parte. Isso não relativiza o nosso argumento, nem a nossa fé.

O documento também enfatiza a busca da paz mundial. Clamor esse feito constantemente pelo Papa e pela Igreja. Está tão difícil assim?

A edificação da paz é missão de todas as religiões. Infelizmente, isso não é fácil, até mesmo porque, muitas vezes, as religiões são instrumentalizadas para justificar e acirrar conflitos. Lembro os apelos do Papa São João Paulo II pelo fim dos conflitos, e apesar dos seus apelos, as guerras foram adiante com seu séquito de horrores. O mesmo acontece com o Papa Francisco, que é como uma voz que clama no deserto contra as guerras.

Por que um católico deixa de ser católico? Encontrou essa resposta?

Pode haver muitas respostas. Estudos mostram que os católicos sentem-se hoje muito mais livres para suas opções religiosas. Para isso, contribuiu muito o fator urbanização. Até o início dos anos 1970, cerca de 80% dos brasileiros viviam em pequenas cidades ou no campo. Ali, a mobilidade religiosa era pouca, porque, de alguma maneira, as pessoas eram condicionadas, quer pela tradição familiar, quer pelo controle social, a permanecerem religiosas ou pelo menos aderentes à Igreja Católica, mesmo quando diziam que eram católicos, mas não praticantes. Batizavam, faziam a primeira comunhão, casavam na Igreja, mas não participavam da vida eclesial.

Hoje, pelo contrário, temos mais de 80% da população brasileira nas cidades, sobretudo nas metrópoles, onde as pessoas se sentem muito mais livres para poderem dizer que não são católicas, ou não têm religião, ou que são protestantes. Um segundo fator é a escassa evangelização católica, que tivemos ao longo do tempo no Brasil. De fato, a evangelização no Brasil, em geral, foi fraca e superficial. Por quê? Contávamos sempre com o fato que a religião era transmitida pela família, automaticamente, pelo contexto social e, portanto, não havia muito para se preocupar com a evangelização. Hoje, caímos na conta de que a fé é uma atitude assumida pessoalmente e, portanto, as pessoas têm a coragem e se sentem livres para não assumir a fé, quando não veem razões pessoais para crer. As razões para crer vêm mediante um processo de evangelização, de experiência de Deus, de participação na vida da comunidade de fé.

Mas também é inegável que existe um proselitismo muito forte dos grupos neopentecostais anticatólicos; e os católicos com pouca profundidade, pouca raiz católica, são facilmente influenciáveis. Grande parte dos grupos neopentecostais são anticatólicos e acusam os católicos e a Igreja Católica de várias coisas, conseguindo fragilizar quem já estava fraco na fé e na adesão à Igreja Católica. Os argumentos, geralmente, têm a ver com o culto às imagens dos Santos, especialmente a Nossa Senhora, com a confissão, o batismo de crianças, o papel do Papa na Igreja, chamando-o de anticristo, e por aí vai... Os católicos com pouca formação religiosa ficam sem chão diante de tais "armadilhas".

Naturalmente, há os que abandonam a Igreja Católica por algum conflito ou dissabor vivido, ou por não concordar com algum ensinamento católico. Há os que não compartilham mais certos princípios morais católicos, como a questão do divórcio, das segundas uniões, do aborto, das uniões homossexuais e assim por diante. Esses deixam a Igreja Católica e vão para algum grupo religioso mais condescendente ou tolerante em relação a essas questões.

TEMOS QUE FAZER, ENTÃO, UM *MEA CULPA* EM RELAÇÃO À CATEQUESE?

Com o *mea culpa*, também temos de renovar e ampliar a catequese e ir ao encontro das pessoas que não fizeram a catequese de iniciação à vida cristã. Há muito para se fazer.

Há muitos adultos de famílias católicas que não foram batizados, não fizeram catequese, não receberam a primeira Comunhão e a Crisma. Em São Paulo, observo que quase metade dos que fazem a primeira Comunhão e recebem a Crisma não são crianças ou adolescentes, mas jovens ou adultos. Isso é muito bom e, graças a Deus, as pessoas estão se reaproximando da vida da Igreja em qualquer idade. Mas revela que há falhas na motivação para a busca dos Sacramentos e a inserção na vida cristã no período da infância.

É também nesse sentido que o Papa Francisco insiste que a Igreja deve ser "em saída"?

Esse processo precisa ser feito cada vez mais. Deixar de ser uma Igreja voltada apenas para dentro, na defensiva e autorreferencial, para ser uma Igreja missionária. A Igreja existe para ser missionária e isso não apenas na África, na Amazônia ou lá onde o Evangelho ainda não chegou. Isso, naturalmente, continua válido; mas a Igreja é missionária em todo tempo e lugar, inclusive nos lugares onde ela está estabelecida, como as paróquias. As nossas comunidades, paróquias, organizações pastorais e as nossas famílias precisam ser missionárias.

Quem é essa Igreja que precisa sair? Não é apenas o clero; é toda a comunidade dos que creem, com suas organizações, que precisa assimilar mais e mais essa atitude missionária para transmitir a fé e se interessar para que outros também se aproximem e façam experiência de Deus.

PASTOR NA METRÓPOLE

COMO É PASTOREAR PARTE DESSA IMENSA METRÓPOLE? O QUE MAIS INQUIETA O CORAÇÃO DE UM PASTOR?

É complexo, mas é possível. É preciso compreender que a arquidiocese de São Paulo não abrange toda a cidade de São Paulo[31]. Participam da cidade (município) de São Paulo, 5 dioceses. A porção que pertence à Arquidiocese de São Paulo soma cerca de 7 milhões de habitantes. A preocupação maior é fazer ouvir a voz da Igreja e perceber sua presença e testemunho no meio de tantas vozes, tantos sinais e testemunhos diversos, que também procuram tomar a atenção das pessoas e envolvê-las.

O que fazer e como fazer para que a missão da Igreja se realize em um contexto tão complexo e diversificado como é a grande metrópole? Aí vem a lembrança da parábola do semeador e do pequeno grão de mostarda. Muitas vezes, sentimo-nos tão pequenos diante das outras realidades e forças que concorrem com a missão e a palavra da Igreja. Mas é preciso acreditar na força desse pequeno grão de mostarda e na possibilidade de a semente boa ser acolhida em terreno fértil. Com a graça de Deus e a ação do Espírito Santo, o trabalho pastoral na cidade grande produz o seu fruto. Além disso, na metrópole existe uma riqueza muito grande de vida cristã e eclesial. Há muitas comunidades vivas e vibrantes, muita caridade social e empenho social.

31 Atualmente, a Arquidiocese de São Paulo abrange uma superfície de 654 km² dos 1.521 km² do município de São Paulo, que também é abrangido pelas dioceses de São Miguel Paulista, Santo Amaro e parte das dioceses de Campo Limpo e Osasco (com 5 paróquias).

O nosso trabalho em São Paulo requer muita humildade, mas também determinação e perseverança. Não se pode ter a pretensão de fazer tudo e resolver todos os problemas. Temos que fazer nosso trabalho, do melhor modo que conseguimos, motivar os colaboradores, as comunidades, para que todos façam bem a sua parte, contando sempre com a força da graça de Deus e a ação do Espírito Santo. Desde o sínodo da arquidiocese, que realizamos de 2017 a 2023, assumimos este lema: como Igreja em São Paulo somos testemunhas de Deus na cidade.

O senhor dorme bem?

Sim, durmo bem, até mesmo porque, ao chegar ao final do dia, o cansaço é tão grande que não sobra outra alternativa. Além disso, de nada resolveria perder o sono e depois estar estressado, não conseguindo fazer bem o trabalho no dia seguinte. Eu coloco tudo na mão de Deus, pedindo que dê forças para o dia seguinte. E durmo.

O senhor tem alguma devoção particular?

Tenho muita devoção a Nossa Senhora e me confio a ela. Também ao anjo da guarda e, especialmente, ao Espírito Santo. O que a gente faz é pouco; o resto é Ele quem faz.

Como é a rotina do arcebispo de São Paulo?

É bastante agitada e não muito regular. Além do programado, entram muitas demandas do dia a dia. Procuro reservar o tempo necessário para atender os padres em minha casa, ou na Cúria. Há muitas reuniões de todo tipo, que procuro acompanhar. Nelas vai-se articulando, animando e acompanhando o conjunto da vida eclesial da arquidiocese. Há também as reuniões da CNBB em âmbito regional e nacional e as da província eclesiástica, sem esquecer as da Santa Sé.

Procuro acompanhar as demandas administrativas da arquidiocese, que são muitas e em diversos níveis. Embora a gente encarregue e delegue responsabilidades e atribuições, ainda sobra muito para responder em primeira pessoa. Acompanho a formação nos seminários e a formação do clero, que procuro assumir em primeira pessoa junto com o conselho de formadores e a pastoral das vocações.

Há também muitas demandas de fora do âmbito propriamente eclesial. São Paulo é uma cidade com muitas representações, inclusive diplomáticas. Frequentemente, há pedidos de audiência de cônsules ou de embaixadores, ou de personalidades do mundo da política, da cultura, da comunicação e das organizações sociais e religiosas. Há muitas oportunidades para as relações institucionais e para exercer um papel representativo da Igreja. Também dedico parte do meu tempo para escrever artigos para órgãos de imprensa e para alguns programas regulares de rádio e televisão, como forma de levar a palavra da Igreja a um espaço mais amplo do que o âmbito apenas eclesial.

Qual é o valor da política e do político? Como um católico pode efetivamente colaborar para que haja uma boa política?

O católico também é cidadão e pertence a um povo e a uma comunidade local. Ele não deve ficar alheio à vida política, que significa, acima de tudo, o interesse pela vida social e a promoção do bem comum. O Evangelho e a moral cristã lhe dão motivações claras e fortes para fazer isso. Não é por nada que a Igreja ensina que o bom exercício da vida política é espaço para exercer a caridade e as demais virtudes humanas e cristãs, como a honestidade, a justiça, a generosidade e a dedicação ao próximo. Os dons de cada um não servem apenas para a vida pessoal, mas também para a edificação da comunidade e da convivência humana.

É bom lembrar que a vida política não é exercida apenas por quem tem um mandato ou cargo político, mas por todos os cidadãos, quando exercem bem sua profissão e missão na educação, na comunicação, no trabalho, na cultura e no lazer, no desempenho das atividades econômicas e das responsabilidades sociais e comunitárias. Tudo isso possui um significado político e ajuda a edificar a convivência. Cada um coloca seu dom a serviço da boa convivência social e das necessidades do próximo. Mas também é necessário que muitas pessoas abracem o exercício da política como vocação e missão, dedicando-se mais especificamente à promoção do bem comum através do exercício de mandatos conferidos pela sociedade.

O SENHOR TEM UMA DEFINIÇÃO OU UMA VISÃO MAIS PRECISA DA POLÍTICA BRASILEIRA HOJE? ESTAMOS EM UMA ESTRADA BOA OU EM UM CAMINHO CHEIO DE BURACOS?

Há vários anos, vivemos um contexto político extremamente polarizado e isso não é bom. A polarização acaba absorvendo e até anulando expressões políticas situadas entre as duas posições mais extremas. Entre os dois polos fortemente antagônicos, parece que não há lugar para posições diversas. Porém, temos muita gente que está entre os dois polos, mas não consegue fazer valer a sua posição para aparecer como uma via política mais equilibrada.

A política no Brasil, no momento, sofre de baixa credibilidade, justamente por causa disso. A última eleição presidencial foi bastante apertada e os dois lados ficaram quase com o mesmo número de votos. De alguma forma, quem perdeu continua deslegitimando quem ganhou. Isso deixa no ar um clima de descrédito em relação a quem exerce o mandato.

Muitas figuras políticas importantes do passado tiveram graves problemas com a justiça, acusadas de corrupção; mesmo continuando na vida pública, essas figuras gozam de pouca credibilidade, deixando uma interrogação sobre a veracidade das acusações. E seguem na vida política com essas pendências sobre sua idoneidade moral, sem ter havido uma clareza da justiça sobre as acusações; e isso depõe contra a credibilidade da vida política no seu conjunto. Vejo que ainda vamos viver por algum tempo nesse impasse.

Como o senhor vê a justiça brasileira?

Ela precisa ser aperfeiçoada e não pode ficar refém de humores partidários ou ideológicos, nem se deixar mover por quaisquer pressões, que não sejam a busca da verdade, o dever de assegurar o direito a todos e a solução digna dos conflitos. A justiça, geralmente, é muito lenta e sabemos que justiça que tarda é justiça negada. Já se disse que há um excesso de judicialização de tudo no Brasil. Seria importante encontrar mecanismos para solucionar os conflitos, antes de chegarem aos tribunais, sobretudo aos Tribunais Superiores. A impunidade e a facilidade com que até mesmo réus confessos conseguem livrar-se das penas da lei pode passar a impressão de que o crime compensa. E se isso se torna cultural, acaba-se o estado de direito e vem a imperar a cultura do arbítrio e do delito.

A polarização presente na política também foi exportada para dentro da própria Igreja.

Infelizmente, sim; sobretudo no período das últimas eleições presidenciais. Vimos comunidades divididas, onde a direita joga contra a esquerda e vice-versa dentro da comunidade eclesial, tudo por motivação partidária. Muitas vezes, perdeu-se a referência comum da fé e na vida eclesial para dar preferência a argumentos de cunho político-eleitoral, partidário e ideológico, e isso foi muito ruim. Infelizmente, algumas vezes, essa luta partidária pode ter entrado no contexto do clero do Brasil, o que é ainda pior e divide as comunidades. Se um clérigo se identifica abertamente em favor de um partido ou candidato, ele acaba desconstruindo a comunhão da comunidade eclesial por causa de opções partidárias.

Por isso, a medida prudencial que a Igreja sempre teve é a de que os clérigos e os pastores da Igreja não se envolvam e não se posicionem em política partidária. Isso precisa ser lembrado sempre de novo, porque assegura que eles continuem a zelar pela catolicidade e pela comunhão de fé e caridade na comunidade.

É compreensível e normal que entre o povo existam opções políticas e partidárias diversas. Mas se o padre toma posição em favor de um partido ou candidato, ele vai ter contra si, imediatamente, a outra parte da comunidade, que não tem a mesma ideologia ou partido. O padre não é para a parte: ele é para o todo, pela catolicidade, pela comunhão.

MUITOS SACERDOTES FORAM ACUSADOS DE, INCLUSIVE, USAREM O PÚLPITO. ISSO É GRAVE?

Isso é grave e proibido, tendo consequências perante a legislação eleitoral. Infelizmente, ainda assim, acontece.

VIVEMOS EM UM TEMPO MARCADO POR INÚMEROS CONFLITOS, COMO UMA "GUERRA MUNDIAL EM PEDAÇOS". O SENHOR VÊ CAMINHOS CONCRETOS PARA A PAZ MUNDIAL? QUAIS SÃO?

As guerras, infelizmente, são tão antigas como a humanidade. Atualmente, elas trazem o risco do envolvimento de vários países, o que torna a solução dos conflitos ainda mais complexa. Penso que não há como prevenir a guerra, a não ser pelo diálogo sincero e respeitoso e pela negociação. A solução dos conflitos depende, antes de tudo, do respeito ao direito e à justiça, como já anunciava o profeta: "fruto da justiça é a paz" (cf. Is 32,17). As guerras são motivadas por graves injustiças. Quando uma pessoa é prepotente e injusta com outra, inicia-se um conflito. O mesmo acontece entre os povos e as nações. Geralmente, as guerras em curso tiveram sua origem em questões mal resolvidas no passado, como é o caso da guerra entre a Rússia e a Ucrânia, e o conflito que envolve judeus e palestinos no Oriente Médio. Penso que, cada vez mais, a comunidade internacional precisa dispor de um organismo capaz de dissuadir de maneira eficaz os conflitos e para buscar a solução dos conflitos já deflagrados. Seria esse o papel da Organização das Nações Unidas; no entanto, vê-se que ela não dá conta dessa tarefa.

O Papa se manifestou mais de uma vez sobre a temática da inteligência artificial e seu impacto na vida humana. Como o senhor vê essa realidade?

A inteligência artificial é uma maravilha da técnica, que já está presente na vida cotidiana das pessoas e estará ainda muito mais no futuro. Ela pode facilitar muitas coisas na vida, agilizar processos de investigação e a produção de informações e de comunicação. Porém, como toda técnica, ela precisa ser governada com sabedoria e prudência pelas pessoas, para que ela não acabe exercendo o seu domínio sobre as pessoas. Há um risco de tornar impessoais as relações humanas, submetendo-as ao automatismo dos algoritmos. Não queremos nos tornar uma comunidade de autômatos, facilmente manipuláveis por quem detém o domínio das informações.

PERIFERIAS

QUANDO FALAVA DO PAPA FRANCISCO, O SENHOR DESTACOU O OLHAR QUE ELE LANÇA PARA AS PERIFERIAS DO MUNDO. QUAIS SÃO AS PRINCIPAIS PERIFERIAS QUE O SENHOR OBSERVA NA SOCIEDADE OU NA SUA REALIDADE COMO ARCEBISPO?

Nós temos vários tipos de periferias, como o Papa mesmo diz. Temos as geográficas: em São Paulo, temos as periferias extensas que gravitam em torno do centro da cidade. Há as periferias sociais do povo que está à margem do bem comum e vive do pouco que sobra. Temos muita gente vivendo nas periferias sociais que não possui os seus direitos e a sua dignidade reconhecidos, vivendo na insegurança social. Mas também existem as periferias eclesiais das pessoas que vivem à margem da Igreja e se consideram longe da Igreja ou até fora dela. A essas periferias eclesiais precisamos dar a necessária atenção, na dimensão missionária, no olhar do pastor que procura a ovelha que está distante e se perdeu.

Em São Paulo, temos claramente as periferias sociais e econômicas, embora seja uma cidade rica. Basta dizer que é o terceiro produto interno bruto do Brasil, com muita riqueza circulante. Ao mesmo tempo, há uma periferia muito pobre de pessoas que apenas sobrevivem, em função do núcleo muito rico, a quem prestam serviços de um jeito ou de outro.

Sempre se diz que, em São Paulo, ninguém passa fome, porque existem muitos serviços sociais, caritativos e até mesmo ocasiões para o trabalho informal. Porém, são aquelas situações de periferia social e econômica que não se conseguem resolver e as pessoas não conseguem sair daquela condição. Sobrevivem, mas não conseguem sair disso. Essa periferia preocupa bastante e depende de uma reestruturação econômica para dar mais ocasião para as pessoas participarem do bem comum.

As periferias eclesiais também estão por toda parte e são as pessoas que nós não conseguimos alcançar com nossa vida eclesial ordinária, com os serviços da liturgia, da evangelização, da catequese e com a nossa atenção religiosa. Infelizmente, essas periferias também existem e nós temos consciência de que precisamos ir ao encontro delas.

DEUS HABITA A CIDADE

Em 2017, o senhor fez uma proposta audaciosa para arquidiocese, a realização de um sínodo. Isso ainda não era algo comum naquela época. Qual foi a sua motivação?

Parti da motivação que o próprio Papa Francisco deu à Igreja, antes que ele convocasse o sínodo universal. Em 2013, eu era membro do Conselho do Sínodo dos Bispos e o Papa começou a participar das reuniões do Conselho. Ele falava de sinodalidade, dando a entender que queria mais do que assembleias do Sínodo dos Bispos, uma Igreja sinodal.

Foi aí que veio a ideia de fazermos um sínodo em São Paulo. Algumas dioceses haviam feito sínodos no Brasil, mas em São Paulo não se tinha feito um sínodo diocesano há mais de cem anos. Em 2016 trabalhamos essa proposta com o Conselho de Presbíteros, os bispos auxiliares, o Conselho de Pastoral. Em 2017, convoquei o sínodo arquidiocesano. Começamos o sínodo segundo a metodologia de que se dispunha, aproveitando também da experiência de outras dioceses.

Além dessa motivação do Papa por uma Igreja sinodal, havia motivações que já estavam presentes no Documento de Aparecida e na Exortação Apostólica *Evangelii Gaudium (2013)*: ter uma Igreja mais participativa e envolvente, mais missionária. Nesse sentido, tivemos a preocupação de divulgar as preocupações do Papa, do Magistério, do Concílio, do Pós-Concílio, dos sínodos da Igreja. Há muitos documentos e orientações da Igreja que não chegam ao povo nas bases Igreja.

Nosso sínodo começou pela base da Igreja, com um grande trabalho feito no âmbito das paróquias e das suas comunidades e organizações pastorais. Depois, passamos ao nível intermediário, que são os vicariatos e regiões Episcopais e suas organizações para, finalmente, fazer a assembleia sinodal arquidiocesana. A pandemia nos fez ralentar os trabalhos durante dois anos; o sínodo estava previsto para acontecer em três anos, mas acabou acontecendo durante seis anos e terminou em 2023. Sem dúvida, foi uma experiência interessante que, providencialmente, já tinha praticamente o mesmo tema que depois o Papa veio dar ao sínodo universal: "caminho de comunhão, conversão e renovação missionária".

A comunhão e a missão são dois pontos coincidentes com o sínodo universal. O Papa incluiu a participação. Na verdade, a participação também nós tínhamos no tema do sínodo arquidiocesano, só que não estava tão explicitada. Um dos objetivos do sínodo arquidiocesano era a maior participação do povo na vida e missão da Igreja. No desenvolvimento do sínodo universal, o tema da conversão foi aparecendo cada vez mais, tanto que, no documento final, o tema da conversão aparece destacado em cada capítulo.

Nosso sínodo arquidiocesano mostrou-se uma experiência exitosa. É claro, desde o início dos trabalhos, sabíamos que não alcançaríamos 100% dos objetivos propostos, mas que, mesmo assim, valeria a pena iniciar o processo sinodal. Organizamos uma grande comissão de coordenação dos trabalhos sinodais, que foi elaborando e indicando o caminho a ser feito de maneira "sinodal". O sínodo não nasceu pronto, mas foi um caminho feito juntos.

Quais foram os frutos desse caminho sinodal?

O sínodo nos deu a oportunidade de percebermos a quantas estamos na arquidiocese de São Paulo. Orientaram-nos muito as palavras do Apocalipse: "Quem tem ouvidos, ouça o que o Espírito diz à Igreja" (Ap 3,6). Buscamos ouvir o Espírito Santo olhando para a realidade religiosa e pastoral, avaliando os dados de uma pesquisa ampla feita nesse sentido em toda a Arquidiocese, olhando isso com objetividade e realismo, percebendo as coisas bonitas, mas também as lacunas na evangelização, na assistência religiosa e na missão.

A experiência sinodal foi muito rica e válida. Houve resistências, como é bem compreensível quando há um apelo para sair da rotina e fazer um caminho novo e compartilhado. Mas a avaliação geral foi muito positiva. Na fase pós-sinodal, as propostas sinodais estão sendo, agora, trabalhadas e traduzidas na "conversão e renovação pastoral e missionária". Algo continua a mudar na Igreja em São Paulo a partir do sínodo. Olhamos o sínodo como uma boa semeadura. Agora, é preciso esperar pelos frutos, com esperança, perseverança e confiança na graça de Deus.

O que significa, então, ser uma Igreja sinodal?

A palavra sínodo significa "fazer caminho juntos". Na Igreja sinodal muda o conceito que, com frequência, temos da Igreja, como instituição clerical em benefício do povo, para Igreja-povo de batizados, povo de Deus, que tem uma dignidade e uma vocação comum e que caminha junto e unido na realização da missão e na busca da meta, ajudando-se reciprocamente com os dons recebidos. A Igreja sinodal se caracteriza pela comunhão, participação e missão. A Igreja sinodal supera o conceito segundo o qual a Igreja é uma estrutura onde alguns decidem, outros só acolhem e praticam passivamente.

Na Igreja sinodal entende-se que todos são agraciados e chamados e, ao mesmo tempo, corresponsáveis, participando com o próprio dom para o conjunto daquilo que é a vida e a missão da Igreja. Primeiro, acolhemos o dom da fé, da graça de Deus, do Evangelho; daí decorre também que nos tornamos corresponsáveis por expressar isso através do testemunho da vida e, de muitas formas, pela ação missionária. Na Igreja sinodal existe uma correlação de energias, em que cada um, fazendo a sua parte, colabora para alcançar o objetivo da existência da Igreja. Na Igreja sinodal, procura-se traduzir aquilo que já constituiu o tema da Conferência de Aparecida (2007), escolhido por Bento XVI: somos todos "discípulos e missionários de Jesus Cristo para que, n'Ele, nossos povos tenham vida".

E quais são as alegrias e desafios da Igreja em São Paulo?

As alegrias são muitas. Cada vez que visito uma paróquia e vejo a fé do povo, só tenho que me alegrar. É graça de Deus que o povo, apesar dos muitos sofrimentos e angústias enfrentados, continue a manifestar a sua fé com alegria e esperança. Fico comovido e tocado ao ver como as pessoas têm fé, apreço pelos sacerdotes e o bispo, independentemente daquilo que nós somos humanamente, mas por aquilo que representamos na Igreja. O povo tem mais fé naquilo que somos do que nós mesmos... O povo católico tem uma fé simples e muito enraizada; e temos a missão de cultivar, fortalecer e amparar a fé do povo.

A Igreja em São Paulo tem belas realizações sociais e culturais e uma história que já caminha para completar 300 anos. Há uma identidade no povo católico, que precisa ser cultivada e também esclarecida, acompanhando a identidade da Igreja, unida ao Papa e ao episcopado como um todo. A herança espiritual daqueles que nos precederam na fé e na missão deve nos motivar na realização da nossa missão no presente.

Não faltam desafios, a começar pelos sociais. Cada vez que vou para a rua e vejo a quantidade de pessoas sem eira nem beira, em situação de rua, deitadas nas praças e calçadas, fico angustiado e pergunto o que podemos fazer. Outro desafio à missão da Igreja é o desapreço pela contribuição da fé para a vida social e cultural e para a vida em comum.

Temos de reconhecer que a história caminha e, talvez, não necessariamente continue a contar com a presença e atuação da Igreja no mundo social e cultural. Mas é nossa missão zelar para que o Evangelho continue a ser significativo para as pessoas e para o convívio social. Refiro-me, por exemplo, à celebração de Corpus Christi, tradicionalíssima na Igreja; no Brasil, o feriado é opcional nos Estados e Municípios. As celebrações acontecem nas paróquias e também numa manifestação arquidiocesana. Porém, a atenção geral do público já não está mais voltada para a solenidade de Corpus Christi, mas para um outro evento, que se sobrepôs a ele no mesmo dia: a Marcha para Jesus, dos grupos evangélicos. Também é um evento cristão, mas, claramente, ele foi introduzido para se contrapor à manifestação católica, o que é uma pena, porque, de alguma forma, põe na sombra a manifestação católica, que perde a sua força testemunhal.

Percebo também que, talvez apenas uns 50% das crianças nascidas nas famílias católicas são batizadas e, por isso, também não são introduzidas na vida cristã e na comunidade eclesial mediante os outros sacramentos da iniciação à vida cristã. Isso preocupa muito, pois vamos perdendo o contato com a nova geração e a juventude vai ficando distante da vida da Igreja. Por isso, o objetivo sinodal de uma verdadeira "conversão pastoral e missionária" da nossa Igreja faz todo sentido para nós.

São Paulo é um grande laboratório cultural, expressa um pouco aquilo que é o Brasil, inclusive suas desigualdades sociais. Na sua percepção, quais sãos as principais causas dessas desigualdades? Quais caminhos para superá-las?

A ideia geral é sempre a de promover maior justiça social e econômica, promover a dignidade humana, dignidade da vida, do trabalho etc. A questão, muitas vezes, precisa também ser compreendida a partir de um contexto que hoje está muito difícil de se resolver. Nossa metrópole, como outras no Brasil, desenvolveu-se muito rapidamente, de forma caótica, com falta de planejamento e de infraestrutura nas suas imensas periferias. A maioria das habitações foi construída espontaneamente, de maneira precária e sem um plano urbanístico, sem a legalização da posse dos imóveis, e assim segue ainda hoje. Grande parte da população chegou a São Paulo em poucos anos e a cidade não teve como acolher a todos com trabalho, habitações, educação, infraestrutura, saneamento e demais serviços básicos para tantas pessoas. O que temos hoje, é a herança de problemas não resolvidos e até aumentados ao longo dos anos. É preocupante que essas áreas carentes da atuação efetiva do poder público acabem sendo tomadas por poderes paralelos, pelo crime organizado, criando uma situação nova, muito complicada para essas populações periféricas da cidade. A solução dos problemas de São Paulo precisa passar por escolhas políticas robustas, investimentos altíssimos para recuperar o que já se tem, na recuperação de edificações vazias e abandonadas, para colocá-las à disposição de quem precisa de habitação digna.

As áreas periféricas precisariam de investimentos maciços em habitações dignas, em estrutura urbana, transporte, saneamento, serviços urbanos adequados. A cidade de São Paulo tem uma população maior que a do Uruguai, Paraguai, Equador e outros países da América Latina. Portanto, o município de São Paulo tem a necessidade de investir, para cuidar de sua população, mais que tantos países para a sua população inteira. Humanamente, parece bastante difícil, porém, precisa haver uma solução. É um desafio muito grande, mas não insuperável. A Doutrina Social da Igreja oferece indicações importantes para enfrentar esses desafios. O início de tudo, é uma boa educação e formação para as pessoas, desde a infância. Além disso, os governos precisam promover políticas públicas para assegurar trabalho e renda digna para todos. Servem políticas econômicas e financeiras que evitem a concentração de renda e proporcionem o acesso às oportunidades de desenvolvimento econômico e social para todos. É necessário suscitar e desenvolver sempre mais a cultura da solidariedade e da justiça social.

A cidade de São Paulo é marcada pela violência e insegurança. Como o senhor acredita que esse problema pode ser enfrentado efetivamente?

É inegável que há fatos lamentáveis de violência em São Paulo, como acontece em tantas cidades grandes e pequenas. A segurança é um direito do cidadão e a promoção dela é um dever do Estado. São necessários equipamentos de segurança suficientes em toda a cidade e pessoal bem treinado a serviço da segurança. O policiamento ostensivo nos locais públicos é importante, sem que isso signifique repressão à liberdade da população, mas garantia de sua serenidade e segurança. E não se deve esquecer que a superação da violência depende muito também da boa educação para hábitos de convivência e de respeito ao próximo. A prevenção e a superação de tensões sociais também ajudarão a manter a violência sob controle.

O senhor citava o drama das pessoas que vivem nas ruas e em extrema pobreza. Como a Igreja tem atuado nesse sentido?

Por melhor que seja o trabalho social da Igreja, ele é apenas subsidiário; mas não temos os recursos econômicos, administrativos ou legais para fazer tudo o que precisa ser feito.

Igreja e o bispo tem o dever de promover essa dimensão da missão em sua diocese. E ele o pode fazer de muitas maneiras. Graças a Deus, existem muitas iniciativas organizadas de caridade na arquidiocese de São Paulo. O Vicariato Episcopal para a Promoção da Caridade Social é uma iniciativa voltada à promoção ainda mais ampla da caridade, que deve ser praticada pessoalmente, mas também socialmente, envolvendo mais pessoas e estimulando muitos a se unirem às ações organizadas da caridade, visando maior incidência na sociedade. Esse Vicariato é fruto das reflexões do sínodo arquidiocesano e deverá contribuir para ampliar e tornar ainda mais eficaz a caridade da Igreja em São Paulo. O Vicariato Episcopal da Caridade Social tem a missão de mapear, acompanhar, orientar as muitas iniciativas e organizações de caridade social em nossa Arquidiocese, de estimular novas iniciativas e de evangelizar a vida social.

NESSE SENTIDO, É IMPOSSÍVEL NÃO MENCIONAR OS INÚMEROS VOLUNTÁRIOS LEIGOS QUE DESEMPENHAM PAPEL NESSE CAMPO.

Sem dúvida, o voluntariado sempre é louvável e expressa generosidade, altruísmo e senso de responsabilidade compartilhada. Tenho a impressão de que o voluntariado ainda é pouco desenvolvido entre nós, nas comunidades da Igreja. Há muito campo para a atuação do voluntariado nas iniciativas sociais da Igreja. O Vicariato Episcopal para a Caridade Social pode promover a formação e organização de núcleos de voluntariado nas paróquias de toda a Arquidiocese.

IGREJA E SOCIEDADE

Nessa relação da Igreja com a sociedade, especialmente com os poderes públicos, existe um acordo bilateral entre o Brasil e a Santa Sé, que contou com a sua participação na elaboração e implementação. No que consiste esse instrumento?

De fato, eu era Secretário-Geral da CNBB quando, em 2003, a Conferência Episcopal retomou a busca de um instrumento sobre a natureza jurídica da Igreja Católica no Brasil e sobre as suas relações com o Estado e a sociedade brasileira. As tentativas para a celebração de um Tratado, ou um Acordo entre a Igreja e o Estado no Brasil já vinham da década de 1950. Em 2003, havia um conjunto de fatores favoráveis para a elaboração desse Acordo. Na época, os membros da CNBB, na sua maioria, eram favoráveis a esse propósito. Também da parte do Governo, no primeiro mandato do presidente Lula, havia abertura para a celebração do Acordo com a Santa Sé. Evidentemente, a Santa Sé, representada pelo Núncio Apostólico, era favorável à busca desse Acordo. Como Secretário Geral da CNBB, participei de muitas reuniões e discussões sobre o assunto no âmbito da CNBB, da Nunciatura Apostólica e nos contatos com o Itamaraty e a Presidência da República.

Lembro-me de uma reunião da presidência da CNBB, o Núncio Apostólico, alguns ex-presidentes da CNBB e também cardeais com o Governo Federal. O presidente Lula chamou todos os Ministros para essa reunião, que foi extremamente importante para o êxito dos encaminhamentos em vista do Acordo. Dessa maneira, já em 2007, o acordo estava alinhavado e praticamente pronto para ser assinado. Em 2008, o documento foi levado às altas esferas da Secretaria de Estado da Santa Sé e do Governo brasileiro. Em 2009, o Acordo foi assinado. Em seguida, passou pela aprovação do Congresso Nacional e entrou em vigor como lei.

Trata-se, portanto, de um instrumento jurídico entre dois entes competentes e internacionalmente reconhecidos. A Igreja Católica representada pela Santa Sé e o Estado brasileiro representado pelo seu Governo. A Santa Sé é reconhecida internacionalmente como "Estado do Vaticano" e, portanto, é um ente de direito internacional idôneo para fazer esse tipo de Acordo ou tratado sobre as relações de convivência e colaboração com outros entes de direito internacional.

O conceito "Acordo" precisa ser entendido como um Tratado, que segue regras jurídicas e competências reconhecidas para estabelecer entendimentos sobre determinados assuntos. O Acordo entre o Brasil e a Santa Sé versa, em primeiro lugar, sobre o reconhecimento jurídico da Igreja Católica no Brasil. Desde a Proclamação da República, em 1889, quando se rompeu o Tratado do Padroado existente entre a coroa imperial brasileira e a Santa Sé, até 2009, não havia mais um reconhecimento formal da instituição Igreja Católica pelo Estado brasileiro. E isto sempre deixou a Igreja muito exposta e dependente da boa vontade dos governantes e das instituições civis. Após a proclamação da República, o Governo provisório do Marechal Deodoro da Fonseca, em 1890, emitiu um Decreto mediante o qual a Igreja Católica podia exercer livremente o seu culto e propagar suas doutrinas. Mas era uma situação precária para a Igreja e o Decreto carecia de uma interpretação objetiva e unívoca em relação a diversas matérias que importavam para o livre exercício da missão da Igreja no Brasil.

O Acordo, em vigor desde 2009, colocou em termos mais claros o reconhecimento jurídico da instituição eclesial da Igreja Católica no Brasil e suas relações com o Estado e vice-versa, além da colaboração possível entre ambas as partes. Além disso, o Acordo trata de questões específicas de colaboração, como no campo da educação, do reconhecimento de títulos e diplomas acadêmicos, das instituições de trabalho social da Igreja, que podem receber o mesmo reconhecimento das instituições similares do Estado, ao prestarem o mesmo serviço. Trata da entrada de missionários estrangeiros no Brasil, do casamento religioso com reconhecimento civil e de várias outras formas de colaboração, ou de interação em vários campos de ação entre Igreja Católica e Estado Brasileiro.

Há quem afirme que um Acordo desse gênero fere a laicidade do Estado brasileiro. O que o senhor diz?

Esse argumento não tem razão de ser. O Estado é idôneo para estabelecer relações com instituições, o que não significa a submissão do Estado a essas instituições. Com o Acordo Brasil-Santa Sé, a Igreja não manda no Estado, nem aceita que o Estado mande nela. Permanecem claras as questões da liberdade religiosa, da laicidade do Estado e do seu dever de garantir a liberdade religiosa aos cidadãos, de não interferir na esfera interna da instituição religiosa. Pelo princípio da laicidade, o Estado não tem uma religião oficial e não impõe religião nenhuma a ninguém, nem interfere na organização interna das religiões.

AINDA SOBRE A IGREJA E O ESTADO LAICO, EXISTEM ALGUNS TEMAS QUE, NATURALMENTE, SÃO DE GRANDE INTERESSE PARA A IGREJA, COMO A DEFESA DA VIDA E SEU CONSEQUENTE POSICIONAMENTO CONTRÁRIO AO ABORTO EM QUALQUER CIRCUNSTÂNCIA. PORÉM, MUITAS VEZES, A IGREJA NÃO É LEVADA A SÉRIO NO DEBATE PÚBLICO, SENDO ACUSADA, INCLUSIVE, DE SE ENVOLVER EM ASSUNTO QUE NÃO É RELIGIOSO. O QUE O SENHOR DIZ DISSO?

Existe um argumento raso, ao qual se recorre quando não se quer ir um pouco mais a fundo nas questões. Diz-se que a Igreja "não deve se meter nisso". É como dizer que a Igreja não deve falar de política, de economia, de educação, de moralidade pública, de justiça social, da defesa da vida e da dignidade da pessoa humana... Evidentemente, trata-se de uma compreensão insuficiente do princípio da liberdade religiosa, que acabaria vetando aos seus representantes de se pronunciarem no âmbito público e social. Seria o mesmo que aplicar a censura à Igreja.

A questão do direito à vida, antes de ser uma questão religiosa, é uma questão humana, filosófica e ética. Ela também vem a ser religiosa a partir do olhar de fé sobre a existência. Assim, o 5º mandamento, "não matar", está relacionado com nossa fé em Deus, Senhor da Vida. Porém, o direito à vida é válido para todas as pessoas, a prescindir de sua fé ou ausência de fé. É uma questão de justiça e de respeito ao semelhante. E a Igreja participa desse debate porque ela é uma instituição da sociedade, feita de cidadãos, que têm o direito a manifestar e promover livremente as suas convicções, como qualquer outro cidadão. Quando a instituição eclesial ou uma pessoa de fé católica se manifesta sobre a questão do direito à vida, sendo contrária ao aborto, essa instituição e pessoa estão se manifestando a partir do princípio de cidadania e de liberdade de manifestação livre do pensamento. Proibir ou impedir isso, seria discriminação religiosa. A Constituição brasileira assegura a todos os cidadãos o direito da livre manifestação do pensamento. Portanto, não seria conforme a lei, impedir a Igreja e as pessoas da Igreja de manifestarem seu pensamento sobre qualquer tema.

DESAFIOS

O senhor participou dos dois Sínodos sobre a família, em 2014 e 2015. Para muitas pessoas, essas duas assembleias se resumiram a questões como a comunhão das pessoas em segunda união, a união entre pessoas do mesmo sexo, a doutrina sobre métodos anticoncepcionais etc. Como foi esse caminho sinodal e o que, realmente, merece destaque?

Naturalmente, nas duas assembleias do Sínodo sobre a família, alguns temas foram destacados de maneira especial e lançados na opinião pública para criar impacto e, talvez, para alcançar determinados objetivos. Sobre o Sínodo sobre a família, passou-se muito a ideia de que essas questões acima citadas foram os pontos principais das assembleias. E não foi assim, basta ler as propostas e a Exortação pós-sinodal daquele Sínodo. Sem dúvida, esses assuntos foram tratados no Sínodo sobre a família, mas a proposta do tema escolhido pelo Papa, em primeiro lugar, era a de refletir sobre a família em relação aos contextos atuais da cultura, da sociedade e da Igreja nos diversos lugares do mundo. Quais são os desafios vida da Igreja. É questão de tempo e paciência, de tomada de consciência e do confronto de cada um com a graça de Deus.

Outro tema latente na Igreja é a situação dos escândalos de abusos sexuais contra menores e adultos vulneráveis por parte de clérigos e religiosos. Como o senhor vê essa realidade?

Essa é uma realidade dolorosa. No passado também existiu, mas não aparecia e, nesses últimos tempos, apareceu dolorosamente. A Igreja, em geral, teve a coragem de olhar isto com o rosto descoberto e ficou clara uma ferida muito grave, que infelizmente criou muito sofrimento e escândalo. Não adianta dizer que isso acontece também em outros âmbitos da vida social, como na família. Se houvesse um só caso em ambientes de Igreja, já seria demais, pois não se espera que isso aconteça no âmbito da Igreja, no convívio eclesial, onde os clérigos e consagrados estão a serviço da pregação do Evangelho e das coisas santas. Eles próprios devem ser exemplos de integridade moral e de virtude. Os abusos e escândalos sexuais causam grande decepção, vergonha e frustração em quem confia na Igreja.

Quando esses escândalos começaram a aparecer, desde os Papas São João Paulo II, Bento XVI e, agora, também Francisco, a Igreja está fazendo um grande esforço para assumir esta ferida e para ajudar as vítimas dessa violência. É um caminho de conversão em todos os sentidos, também para a coerência e a fidelidade à sua missão. Ainda que aconteça em outros ambientes, isso não deve acontecer na Igreja.

Humanamente, esse caminho de conversão é difícil e deve ter em conta também as vítimas, que necessitam de atenção, acolhida, reparação e justiça, para superarem o seu trauma. É um trabalho doloroso e lento. E, com humildade e realismo, devemos reconhecer que, na Igreja, por mais que seja verdadeira a graça de Deus, existe também a realidade do pecado em seus membros E a concupiscência da carne nunca deve ser subestimada.

PARA O SENHOR, COMO É TER QUE LIDAR COM SITUAÇÕES DE DENÚNCIAS DESSE TIPO?

É sempre doloroso e também difícil, porque as pessoas que sofrem ou sofreram abusos, dificilmente vêm falar. Em geral, são terceiros que denunciam e falam e, então, é preciso sair em busca da verdade, acolher, ouvir, discernir. Poucas vezes, as coisas aparecem claras e incontestáveis à primeira vista. E também não se pode condenar *a priori*, sem ter argumentos suficientes para isso. É um processo de escuta e discernimento nem sempre fácil, porque se misturam muitas coisas, como a dor legítima, o ressentimento, as afirmações, por vezes, pouco objetivas e outros interesses vários, que podem estar em jogo.

Raramente, se tem a caracterização nua e crua de um fato de abuso. Por isso, muitas vezes se faz necessário um trabalho longo e penoso de escuta e discernimento, antes de tomar uma decisão. As normas da Igreja são claras e devem ser seguidas. Mas, repito, é sempre muito doloroso, ouvir uma vítima, ou quem a representa, e também confrontar o possível abusador com uma acusação, que, na maioria dos casos, nega, mesmo quando há elementos robustos que corroboram a denúncia. Esses tristes fatos fazem muito mal a quem os sofreu, mas também à comunidade, onde o escândalo já se espalha e acontecem pré-julgamentos e condenações precipitadas e até linchamentos públicos, sem haver ainda clareza sobre os fatos. Também isso é doloroso.

Tolerância a zero?

Sim, não deve haver tolerância em relação a toda denúncia feita, e mesmo quando se trata de denúncias anônimas, como o Papa mesmo estabeleceu, quando elas contêm elementos objetivos suficientes que permitam fazer uma verificação. Se há denúncias anônimas desprovidas de elementos objetivos de verificação, como geralmente acontece, não há como investigar.

Cardeal Scherer segura criança durante Missa com coroinhas na Catedral da Sé.

Há algo que o senhor gostaria de ter feito e não fez?

Muitas coisas eu gostaria de ter feito, mas não fiz. A vida é feita de escolhas. Tenho sonhos humanos que não consegui realizar, como aprender a tocar piano e órgão. Era meu sonho de adolescente, no seminário. Até tentei, mas acabei me dedicando mais aos outros estudos. Gosto de música, mas não desenvolvi o dom artístico e musical. Outros sonhos também ficaram "arquivados", sonhos de viagem, de conhecer o mundo, de ler muito mais. Ainda tenho a esperança de realizar alguma coisa disso.

Se pudesse encontrar o menino Odilo Pedro de 12 anos, em meio às inquietações vocacionais, o que diria a ele?

Aos 12 anos, eu já estava com a firme vontade de entrar no seminário, onde já se encontravam dois irmãos mais velhos; só faltava decidir para qual seminário eu iria. Pela providência de Deus, acabei indo para o "seminário do bispo". Hoje, voltando para aquele menino tímido, mas decidido, eu diria: "Que bom, vai em frente com coragem e esperança! Vai valer a pena!"

Hoje, há algo que faz Dom Odilo chorar?

Eu sou emotivo e comovo-me facilmente em muitas situações de dor e luto, diante do sofrimento das pessoas, em situações em que me sinto muito pequeno. Emociono-me em momentos fortes da vida pessoal, como a gratidão e a alegria profunda.

Mas ri também?

Como não? Sim, me alegro também. Rir faz bem.

"Um padre a vida toda". No início da conversa, o senhor compartilhou esse questionamento, antes da ordenação. Essa certeza permanece viva?

Eu nunca esqueci essa orientação do diretor espiritual, mais ou menos um ano antes da minha ordenação sacerdotal: "Você conseguiu perseverar até agora? Como conseguiu?" E a resposta foi: "Sendo fiel cada dia".

Com a graça de Deus, até agora consegui. A fidelidade e a perseverança dependem da graça de Deus e da nossa correspondência a ela no dia a dia. Não basta ter começado bem. Perseverar no bem cada dia, podemos ter a certeza de que a graça de Deus também não nos faltará.

Pronto para os próximos 75 anos?

Estou no início dos próximos 75, com o mesmo propósito...

Uma esperança?

Gosto de olhar as coisas no contexto da história. A Igreja, ao longo dos séculos, já passou por muitos altos e baixos e atravessou crises. Sempre as superou. Atualmente, também vivemos um momento de crise na Igreja, mas ela vai superar essa crise, com a graça de Deus e com nossa sincera participação. Deus é fiel e a Igreja vai superar a crise atual, vai sair fortalecida e dar muitos frutos daqui para frente. Tenho essa convicção e esperança.

Estou muito feliz porque que o Papa deu o tema da esperança ao Jubileu de 2025. Somos todos "peregrinos de esperança", de uma esperança que não desilude. A esperança faz parte do DNA do ser cristão. Nosso Deus é o Deus da esperança. E nós trazemos em nós a atração para a plenitude do nosso ser, dos nossos anseios. Somos projetados para o futuro e buscamos esse futuro em cada busca e realização do presente. Por isso, na Igreja, não podemos deixar de pregar também sobre a esperança escatológica. Ela faz parte do anúncio cristão.

Foto dos autores

Fernando Geronazzo, Dom Odilo Scherer e Silvonei José Protz, após uma das rodadas de entrevistas para este livro, realizada durante a Assembleia Geral da CNBB, em Aparecida (SP)

APÊNDICE

1.Edwino e Francisca Wilma, com os 11 filhos (duas morreram logo após o nascimento). Odilo é o segundo da esquerda para a direita e está atrás do pai.

2. Foto registrada em 1951, Odilo Scherer posa junto com os irmãos em frente à casa da família em Dois Irmãos, no município de Toledo, no oeste do Paraná. Ele é o terceiro sentado da esquerda para a direita.

3. Odilo Scherer (o segundo da direita para a esquerda) na formatura do irmão Lotário, em 1974.

4. Primeira bênção do então Padre Odilo, no fim da Missa de ordenação sacerdotal.

5. Após concelebrar a Missa presidida por São João Paulo II, em sua capela privada, em 11 de janeiro de 2002, o então Monsenhor Odilo, recém-eleito Bispo Auxiliar de São Paulo, recebeu do Santo Padre a cruz peitoral que porta até hoje.

6. O Cardeal Cláudio Hummes impõe a mitra em Dom Odilo, na celebração de sua ordenação episcopal, ocorrida em 2/2/2002, na Catedral de Toledo (PR).

7. Dom Odilo, com sua mãe e seus irmãos, no dia de sua ordenação episcopal, em 2/2/2002.

8. Dom Odilo, secretário-geral da CNBB de 2003 a 2005, com o Cardeal Geraldo Majella Agnelo (presidente) e Dom Celso Queiroz (vice-presidente).

9. Posse de Dom Odilo como 7º Arcebispo de São Paulo, em 29/4/2007, na Catedral da Sé.

10. Dias após tomar posse da Arquidiocese, Dom Odilo foi anfitrião do Papa Bento XVI, em sua visita a São Paulo. Na foto, o arcebispo saúda o pontífice durante o encontro com os jovens ocorrido em 10/5/2007, no Estádio do Pacaembu.

11. Durante celebração da canonização de Frei Galvão, em 11/5/2007, em São Paulo, Dom Odilo apresenta ao Papa Bento XVI o garoto Enzo de Almeida Galafassi, agraciado com o milagre ocorrido pela intercessão do primeiro santo brasileiro.

12. Entre os dias 13 e 31/5/2007, Dom Odilo foi secretário-geral adjunto da V Conferência Geral do Episcopado da América Latina do Caribe, aberta pelo Papa Bento XVI, em Aparecida (SP).

13. Papa Bento XVI impõe o barrete cardinalício em Dom Odilo Scherer, no Consistório de 24/11/2007, na Basílica de São Pedro, no Vaticano.

14. Membro do Conselho Ordinário do Sínodo dos Bispos de 2008 a 2015, Dom Odilo participou das assembleias sinodais de 2008, sobre a Palavra de Deus; de 2012, sobre a Nova Evangelização; e de 2014 e 2015, sobre a Família

15. Bênção do Santíssimo Sacramento na celebração de Corpus Christi de 2012, quando foram comemorados os 70 anos da realização do Congresso Eucarístico Nacional de 1942, em São Paulo.

16. Cardeal Scherer faz juramento no início do Conclave que elegeu o Papa Francisco, em março de 2013.

17. Dom Odilo saúda o Papa Francisco em audiência no Vaticano, em 2013.

18. Cardeal Odilo Scherer conversa com casal em situação de rua, durante ceia do Natal dos Pobres de 2023, na Praça da Sé.

19. Dom Odilo aciona a buzina que deu largada à corrida Bote Fé na Vida, realizada em São Paulo, em preparação da Jornada Mundial da Juventude de 2013.

20. Encontro bem-humorado entre o Papa Francisco e Dom Odilo, que lhe entregou um livro que reunia caricaturas do pontífice feitas por diversos cartunistas brasileiros (2014).

21. Em março de 2015, quando o estado de São Paulo enfrentava uma grave crise hídrica, Dom Odilo convocou uma procissão em honra à Nossa Senhora da Penha e São José, para pedir a "bênção da chuva" para a cidade.

22. Encontro com o então Papa Emérito Bento XVI em 2015, ocasião em que rezaram juntos o Terço, em alemão, nos jardins do Vaticano.

23. Dom Odilo faz oração diante da Porta Santa do Jubileu Extraordinário da Misericórdia, aberta em 14/12/2015, na Catedral da Sé.

24. Em visita à Diocese de Roraima, em janeiro de 2018, Dom Odilo conheceu o trabalho pastoral e humanitário realizado pela Igreja local no atendimento dos milhares de imigrantes venezuelanos que cruzam a fronteira em busca de melhores condições de vida.

25. Celebração de abertura dos trabalhos do 1º Sínodo Arquidiocesano de São Paulo, em 24/2/2018, convocado por Dom Odilo para ser um "caminho de comunhão, conversão e renovação missionária" da Igreja na cidade.

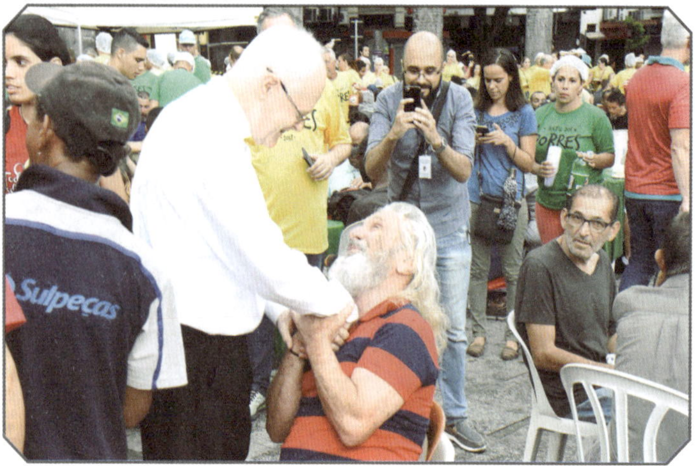

26. Dom Odilo saúda homem em situação de rua durante o Natal dos Pobres de 2018, iniciativa organizada pelas pastorais, movimentos e organizações da Igreja, oferecendo uma ceia natalina para cerca de 2 mil pessoas que vivem em situação de extrema pobreza.

27. Dom Odilo, durante viagem ao Haiti, em janeiro de 2019. Lá, ele visitou o trabalho realizado pela associação Missão Belém em um dos bairros mais pobres da capital, Porto Príncipe: um centro educativo para mais de 3 mil crianças e adolescentes e um centro de saúde.

28. Celebração da Vigília Pascal na Catedral da Sé em 2019.

29. Em 2019, Cardeal Scherer visitou a Diocese de Pemba, em Moçambique, que recebe apoio missionário do Regional Sul 1 da CNBB.

34. Outra paixão de Dom Odilo são as jornadas mundiais da juventude. A primeira que o marcou foi a de Roma, no ano 2000, quando ainda era sacerdote. Desde então, participou de quase todas. Na foto, ele se encontrou com um grupo de peregrinos brasileiros, na JMJ de Lisboa, em 2023.

35. Há mais de um século, no primeiro domingo de maio, a arquidiocese realiza sua romaria anual para o Santuário Nacional de Aparecida. Desde quando começou a exercer seu ministério em São Paulo, dom Odilo participa com entusiasmo desse momento de fé e devoção à padroeira do Brasil.

36. Dom Odilo sempre cultivou grande respeito e admiração pelos seus predecessores na Arquidiocese, especialmente os cardeais Paulo Evaristo Arns (1921-2016) e Cláudio Hummes (1934-2022). Eram frequentes os encontros fraternos entre eles e o apoio, sobretudo, no período de enfermidade e do avançar da idade.

37. Dom Odilo reza no funeral do Papa Emérito Bento XVI, falecido em 31 de dezembro de 2023.

38. Em março de 2023, Dom Odilo concluiu o sínodo arquidiocesano e publicou sua quinta carta pastoral, apresentando suas reflexões e as propostas do caminho sinodal, que resultou no atual processo de reorganização pastoral e administrativo da Arquidiocese.

39. Dom Odilo venera local da anunciação do Senhor, em Nazaré, durante peregrinação à Terra Santa com um grupo de sacerdotes, em setembro de 2023.

40. Já virou tradição nas vigílias pascais celebradas pelo Cardeal Scherer na Catedral da Sé, o Batismo de dezenas de homens e mulheres resgatados das ruas e da dependência química pela associação Missão Belém, como nesta foto, da Páscoa de 2024.

41. A Crisma é um dos sacramentos que, em geral, somente os bispos ministram. Em mais de duas décadas de episcopado, são incontáveis os jovens e adultos que receberam o dom do Espírito Santo pela unção conferida por Dom Odilo, seja na Catedral ou nas mais de 300 paróquias da Arquidiocese.

42. Na Quinta-feira Santa de 2024, Dom Odilo lava os pés da filha da diretora da Associação Amparo Maternal, entidade que há mais de 80 anos acolhe e oferece assistência a gestantes e mães em situação de vulnerabilidade social e violência.

43. Cardeal Scherer abraça jovem durante encontro anual de coroinhas e servidores do altar das paróquias e comunidades da Arquidiocese, ocasião de despertar vocacional de muitos adolescentes e jovens.

44. Dom Odilo recebe desenho feito por criança, durante visita pastoral a uma das paróquias da arquidiocese, em 2024.

45. Cardeal Scherer saúda religiosas missionárias da caridade, em Missa com religiosos consagrados que vivem e atuam na Arquidiocese, em agosto de 2024.

46. Dom Odilo com coroinhas e servidores do altar, após missa na Catedral da Sé, em agosto de 2024.

47. Cardeal Scherer é homenageado pela Prefeitura e pela Câmara Municipal de São Paulo, em evento no Theatro Municipal, por ocasião dos seus 75 anos de idade. Ele também recebeu homenagens do Governo do Estado e da Assembleia Legislativa paulista.

48. Dom Odilo celebra seus 75 anos com sobrinhos netos, a nova geração da família Scherer.

ANGELUS
EDITORA

www.angeluseditora.com